La vie dévote au XXIᵉ siècle
Anthologie salésienne
pour l'honnête homme d'aujourd'hui

Présentation et notes par Max Huot de Longchamp

Paroisse et Famille
Centre Saint-Jean-de-la-Croix

Aux dévots des temps modernes

Ceux qui ont traité de la dévotion ont presque tous regardé l'instruction des personnes fort retirées du commerce du monde, ou au moins ont enseigné une sorte de dévotion qui conduit à cette entière retraite. Mon intention est d'instruire ceux qui vivent dans les villes, en ménage, à la cour, et qui, par leur condition, sont obligés de faire une vie commune quant à l'extérieur. Ceux-là, bien souvent, sous le prétexte d'une prétendue impossibilité, ne veulent seulement pas penser à l'entreprise de la vie dévote, leur étant avis que, comme aucun animal n'ose goûter de la graine de l'herbe nommée *palma Christi*[1], aussi nul homme ne doit prétendre à la palme de la piété chrétienne tandis qu'il vit au milieu de la presse des affaires temporelles. Et je leur montre que comme les mères perles vivent au milieu de la mer sans prendre aucune goutte d'eau marine, et que vers les îles Chélidoines il y a des fontaines d'eau bien douce au milieu de la mer, et que les papillons pyralides[2] volent dedans les flammes sans brûler leurs ailes, ainsi peut une âme vigoureuse et constante vivre au monde sans recevoir aucune humeur mondaine, trouver des sources d'une douce piété au milieu des ondes amères de ce siècle, et voler parmi les flammes des convoitises terrestres sans brûler les ailes des sacrés désirs de la vie dévote. Il est vrai que cela est malaisé,

---

1. Il s'agit du ricin, nommé *palma Christi* du fait de sa feuille en forme de main et de couleur rouge. Dans son *Histoire naturelle* (XXIII, 41), qui fournit à saint François de Sales l'essentiel de sa botanique, Pline l'Ancien indique qu'aucun animal ne touche à sa graine, réputée toxique.
2. Les *piraustres*, dans l'original. Encore un emprunt à l'*Histoire naturelle* de Pline.

et c'est pourquoi je désirerais que beaucoup y employassent leur soin avec plus d'ardeur qu'on ne l'a fait jusqu'à présent, comme, tout faible que je suis, je m'essaie par cet écrit de contribuer à donner quelque secours à ceux qui, d'un cœur généreux, feront cette digne entreprise.

Introduction à la vie dévote, Préface

Avant-propos

Saint François de Sales vous aura dit toute l'ambition de ce petit livre : « instruire ceux qui vivent dans les villes, en ménage, à la cour, et qui, par leur condition, sont obligés de faire une vie commune quant à l'extérieur ». À ceux-là, le plus aimable de nos saints veut faire aimer la vie chrétienne, à une époque où elle semble s'être définitivement écartée de la vie tout court. Aujourd'hui comme au XVIIe siècle, être fidèle à son baptême suppose de le choisir ; mais choisir, c'est préférer, et l'art de François de Sales est de toujours nous présenter l'Évangile sous l'angle où il nous fera envie.

Les textes que nous avons rassemblés viennent au devant des questions que se pose tout chrétien dans un monde redevenu païen : en famille, en affaire, en politique ou à l'école, comment vivre sa foi avec joie et bonne humeur « au milieu des ondes amères de ce siècle » ? Nous grouperons ces textes en une dizaine de chapitres correspondant à autant de secteurs de la vie la plus quotidienne. Bien sûr, l'*Introduction à la vie dévote* nous fournira le noyau de ce recueil, mais nous l'enrichirons de pages moins connues des autres écrits de François de Sales. Ne pouvant retenir tout ce qui l'aurait mérité, nous avons privilégié ce qu'il y a de plus directement pratique dans cette œuvre immense. Pour en simplifier l'accès, nous avons fait précéder certains thèmes ou certains textes d'une brève introduction lorsque cela nous a semblé nécessaire ; nous avons modernisé l'orthographe, et si nous nous sommes permis de changer telle ou telle expression aujourd'hui tombée en désuétude, jamais nous n'avons véritablement modifié une écriture dont la verdeur préclassique n'est pas le moindre charme.

Enfin, saint François de Sales a inauguré une nouvelle manière d'être chrétien, et il n'est pas exagéré de dire que nous sommes tous salésiens depuis bientôt quatre siècles. Cependant, de sainte Jeanne de Chantal au moderne dom Lehodey, certains de ses disciples plus proches méritent une place à part dans l'histoire de la spiritualité, en ce qu'ils ont développé et amplifié les grandes composantes du salésianisme. Aussi, pour dresser le portrait d'une Philothée ou d'un Théotime du XXIe siècle, il nous a semblé juste de donner aussi la parole à ces grands représentants de cette grande tradition : à travers eux, c'est encore le maître qui nous parle et nous apprend la *vie dévote*. Leurs textes sont groupés en annexe de ceux de saint François, mais le lecteur pourra facilement les rapprocher des siens grâce aux renvois placés à la fin des chapitres thématiques.

POUR FAIRE CONNAISSANCE
AVEC SAINT FRANÇOIS DE SALES[3]

La formation d'un gentilhomme

François de Sales naît le 21 août 1567 au château de Thorens, à une vingtaine de kilomètres au nord d'Annecy, d'un père qui pourrait être son grand-père et d'une mère qui pourrait être sa grande sœur, tous deux de vieille noblesse savoyarde. Aîné de dix enfants, il connaîtra une enfance heureuse et préservée. Tout semble le destiner à la magistrature ou aux armes, et son éducation première, fermement conduite par son père soucieux de le voir tenir son rang, sera celle d'un gentilhomme. Vers sept ans, il est pensionnaire à l'école voisine de La Roche, trois ans plus tard, au collège d'Annecy, et enfin chez les jésuites du collège de Clermont, à Paris, de 1582 à 1588. Son enracinement familial et provincial lui fera toujours préférer «son petit Nessi» au grand Paris, qu'il admire et redoute tout à la fois, mais où il aura notamment contracté un attachement indéfectible à la Compagnie de Jésus.

À Paris, François profite de ses études de lettres et philosophie pour suivre quelques cours de théologie à la Sorbonne. C'est là que l'attend une épreuve décisive pour son orientation spirituelle. Depuis la fin du XIIIe siècle, en effet, l'Université souffrait d'un

---

3. Nous reprenons ici avec quelques modifications de détail l'introduction à notre *Anthologie spirituelle* de saint François de Sales, Paroisse et Famille - Éditions du Carmel, 2004.

dangereux gauchissement de la pensée, celui du *nominalisme* : le réel biblique, objet de foi avant d'être objet de raison, tend à s'y estomper derrière le réel mental, verbal, *nominal*. Au-delà des mots, on ne sait plus ce que sont les choses, ni même s'il y a encore des choses. Il y a là un véritable cancer de la pensée chrétienne, coupée de sa confiance en l'intelligibilité du monde et de l'Histoire. Ce doute que Descartes mettra en forme quelques années plus tard aura d'énormes conséquences sur l'idée que l'on peut se faire du salut et de la prédestination, et c'est en réalité tout l'enjeu intellectuel de la Réforme protestante, et bientôt du jansénisme, que les professeurs de la Sorbonne font peser sur les épaules du jeune François, insuffisamment armé pour en maîtriser les données. Toujours est-il qu'il se découvre pris au piège de son époque : pour le nominaliste, le salut est parfaitement impossible puisque parfaitement illogique ; ou du moins, il n'est possible, car enfin la foi chrétienne y tient, qu'au titre d'un décret aussi arbitraire qu'improbable de la part de Dieu. Partagé entre rationalisme et fidéisme, pieusement convaincu de sa damnation tant il est conscient de son indignité devant Dieu, François va s'abîmer dans le désespoir durant six semaines atroces de l'année 1586. Et puis, d'un coup, il va comprendre que l'amour est en effet arbitraire et improbable, mais que la Bonne Nouvelle du décret divin de son salut étant parvenue jusqu'à lui, la question est devenue purement théorique, et qu'il n'a plus qu'à accepter les conséquences de l'amour inconditionnel du Créateur pour sa créature : c'est là que s'enracine l'attitude fondamentale du salésianisme, celle de l'abandon à la Providence. Les contemporains de François nous disent qu'il en fut inspiré devant la statue de Notre-Dame de Bonne-Délivrance, alors placée dans l'église Saint-Étienne-des-Grées, aujourd'hui disparue, et qui se trouvait à l'emplacement de l'actuelle École de médecine.

Du gentilhomme à l'homme d'Église

Intérieurement libéré, mais pour le reste soumis à la volonté paternelle, François part pour Padoue, où, de 1588 à 1592, il étudie le droit en vue d'une carrière de sénateur au parlement de Savoie. Il y suivra l'enseignement du célèbre jurisconsulte Panciroli (1523-1599), tout en choisissant le jésuite Possevin (1534-1611) pour confesseur, deux personnages de tout premier plan à l'échelle de l'Europe. Peut-être y rencontra-t-il le théatin Scupoli (1530-1610), dont le *Combat spirituel* en tout cas ne le quittera plus. De retour en Savoie, au grand désespoir de son père, il renonce aux premiers postes de la magistrature savoyarde pour se préparer au sacerdoce, qu'il recevra en 1593. Peut-être pour prévenir le dépit paternel, les siens lui avaient obtenu dès avant son ordination la prestigieuse prévôté du chapitre de Genève. Mais fuyant encore une fois la route tracée par d'autres, plutôt que de jouir calmement d'un bénéfice par ailleurs fort honorable, le jeune prêtre se jette dans l'action pastorale, et bien vite se porte volontaire pour la reconquête catholique du Chablais, c'est-à-dire de la rive sud du lac Léman. Ce contact direct, et parfois violent, au point d'y risquer sa vie, avec la réalité protestante, contribuera encore à la formation de François, lui ouvrant les yeux sur l'apostasie de son époque, et sur la nécessité pour l'Église moderne de désormais tabler sur la conviction plus que sur l'institution.

L'apprentissage d'un évêque

Mais décidément fait pour les premières places, François est nommé coadjuteur de Genève en 1599. Deux voyages importants s'intercalent entre sa nomination et sa consécration en 1602 : à Rome, agissant comme délégué de son prédécesseur pour la visite *ad limina*, il rencontre Robert Bellarmin, Baronius, Ancina, tous acteurs essentiels du renouveau pastoral romain, et qui inspireront tant de réalisations concrètes du futur évêque de Genève. À Paris, ensuite, où l'attendait l'épineuse négociation des conséquences du traité de Vervins sur le statut des territoires protestants de son diocèse, il tissera des amitiés également déterminantes pour la suite : celles des grands de la cour de France, et d'abord d'Henri IV, que l'on dira parfois commanditaire de l'*Introduction à la vie dévote*, celles surtout des membres du cercle dévot de Madame Acarie, foyer de la renaissance mystique française au lendemain des guerres de religion. C'est notamment par là que le Carmel thérésien entrera en France, et c'est là que durant quelques mois, François de Sales aura fréquenté Bérulle, Duval, Gallemant, le Père Coton, les Marillac et tant d'autres noms immenses de la spiritualité française.

Consacré à son retour, François de Sales s'attelle à la rude tâche de la restauration de son diocèse, définitivement amputé de Genève après l'échec du coup de main tenté contre la capitale calviniste par le duc de Savoie en cette fin de l'an 1602. Avec Genève, François perd non seulement un territoire, mais aussi l'essentiel de ses moyens temporels, et la suite de son épiscopat devra compter avec une constante précarité matérielle.

La maturité du pasteur

Désormais, le cadre est tracé pour l'épanouissement d'une carrière épiscopale qui, depuis la petite ville d'Annecy comptant à peine cinq mille âmes, va étendre son influence dans toutes les régions et tous les domaines du catholicisme d'expression française. Jouissant déjà d'une grande réputation de prédicateur et d'homme d'Église, le jeune évêque est invité à prêcher en 1604 le carême à Dijon ; c'est là qu'il rencontre Jeanne de Chantal (1572-1641), point de départ d'une relation en tout point exceptionnelle, qui aboutira en 1610 à la fondation de la Visitation, véritable laboratoire du salésianisme appliqué à la vie consacrée, comme en témoigneront les *Vrais entretiens spirituels*, recueil de causeries tenues au parloir du monastère naissant, où nous saisissons sur le vif le grand pédagogue de la sainteté moderne. Mais si Jeanne et la Visitation occupent désormais le cœur de François de Sales, ces années de maturité verront également l'homme de lettres prendre toute sa stature, avec la parution en 1608 de l'*Introduction à la vie dévote*, au succès foudroyant (l'ouvrage a connu depuis lors plus de 1000 éditions en toutes les langues…), et avec celle du *Traité de l'Amour de Dieu* en 1616. La sérénité de l'*Introduction*, la calme profondeur du *Traité*, ne doivent pas faire oublier que l'auteur était en ces années un homme surchargé, pasteur au zèle infatigable, confesseur des petits et des grands, réformateur des communautés religieuses, confident des princes en même temps que diplomate chargé de leurs plus délicates missions. La diplomatie, justement, le conduira pour un dernier séjour à Paris en 1618, occasion d'y rencontrer Vincent de Paul, Richelieu et Angélique Arnaud qui se mettra sous sa direction.

L'intensité de cette triple ou quadruple vie mine une santé qui n'a jamais été bonne, et à l'occasion d'un dernier voyage avec la cour de Savoie, il mourra d'épuisement à Lyon le 28 décembre 1622. Mais cette vie finalement assez courte laisse une œuvre impérissable : ses écrits, bien sûr, dont une correspondance monumentale ; la Visitation, ensuite, c'est-à-dire une façon toute nouvelle d'appréhender la vie religieuse ; mais peut-être et surtout une manière d'être évêque qui modèlera tout ce qui en France échappera au jansénisme, cette constante tentation gallicane, dont François avait ressenti tout le poids aux jours de sa jeunesse parisienne.

Pour aller plus loin :

Saint François de Sales, *Œuvres complètes*
  (Annecy, Visitation, 1892-1964, 27 volumes).
Saint François de Sales, *Œuvres*
  (Paris, La Pléiade, 1969).
Saint François de Sales, *Anthologie spirituelle*
  (Présentation et notes par Max Huot de Longchamp, Paroisse et Famille - Éditions du Carmel, 2004).
F. Trochu, *Saint François de Sales*
  (Lyon-Paris, Vitte, 1941-1946, 2 volumes).
E. M. Lajeunie, *Saint François de Sales et l'esprit salésien*
  (Paris, Seuil, 1962).
E. M. Lajeunie, *Saint François de Sales : l'homme, la pensée, l'action*
  (Paris, Guy Victor, 1966, 2 volumes).
A. Ravier, *Un sage et un saint : François de Sales*
  (Paris, Nouvelle Cité, 1985).
A. Ravier, *François de Sales : lettres d'amitié spirituelle*
  (Paris, DDB, 1980).
A. Ravier, *François de Sales : lettres intimes*
  (Paris, Fayard, 1991).
Cl. Roffat, *À l'écoute de saint François de Sales*
  (Paris, Spes, 1948).

Max Huot de Longchamp, *10 entretiens sur saint François de Sales*
  (CD audio, Paroisse et Famille).

Chapitre premier

La dévotion, sainteté du laïc

Le mot dévotion *est le plus traditionnel de la littérature chrétienne pour désigner l'équilibre d'une vie chrétienne adulte. Il provient du* votum *romain, et désigne la consécration du croyant voué à la divinité païenne ; cette consécration reste celle du dévot de saint François de Sales, que son baptême à destiné à mener une vie parfaitement accordée à la volonté de Dieu : « La dévotion, lisons-nous en tête de l'*Introduction à la vie dévote, *n'est autre chose qu'un vrai amour de Dieu*[4]. *» Et le saint évêque aura lu chez saint Thomas d'Aquin qu'elle est un acte de la volonté qui fait qu'on se livre avec promptitude au service de Dieu*[5], *ce qui devient pour Philothée « opérer soigneusement, fréquemment et promptement ».*

Avec la Devotio moderna, *porteuse à la fin du Moyen Âge d'une forte intériorisation de l'ensemble de la vie chrétienne, la dévotion devient plus sensible, et sans perdre son sens fondamental de fidélité à la volonté de Dieu, se met à caractériser l'état d'âme du véritable ami de Jésus-Christ, avec une nuance de ferveur qui ira s'accentuant au fil des siècles. Après quoi, de façon brutale, le XIXe siècle fera le plus grand tort au mot* dévot, *le poussant vers la sacristie jusqu'à ce que le Grand Robert le range parmi les synonymes de « bigot » et de « cagot*[6] *».*

En tout cas, avec saint François de Sales, la dévotion garde sa force antique et médiévale, et son Introduction à la vie dévote *reste le manuel moderne d'une vie chrétienne mûre et consciente d'elle-*

---

4. *Introduction à la vie dévote*, I, 1.
5. *Somme Théologique*, II^a II^{ae}, q. 82, a. 3.
6. Sur la notion traditionnelle de *dévotion*, voir Max Huot de Longchamp, *Dévotion*, en *Dictionnaire critique de théologie*, 2e édition, Paris, Presses Universitaires de France, 2007.

même, dans un monde en voie de sécularisation rapide, dans lequel vivre son baptême suppose de le savoir et de le vouloir.

1. 1. Qu'est-ce que la « dévotion » ?

La vraie et vivante dévotion, ô Philothée, présuppose l'amour de Dieu, mais elle n'est autre chose qu'un vrai amour de Dieu ; mais non pas toutefois un amour tel quel : car, en tant que l'amour divin embellit notre âme, il s'appelle grâce, nous rendant agréables à Sa divine Majesté ; en tant qu'il nous donne la force de bien faire, il s'appelle charité ; mais quand il est parvenu jusques au degré de perfection auquel il ne nous fait pas seulement bien faire, mais nous fait opérer soigneusement, fréquemment et promptement, alors il s'appelle dévotion. Les autruches ne volent jamais ; les poules volent, pesamment toutefois, bassement et rarement ; mais les aigles, les colombes et les hirondelles volent souvent, vitement et hautement. Ainsi les pécheurs ne volent point en Dieu, mais font toutes leurs courses en la terre et pour la terre ; les gens de bien qui n'ont pas encore atteint la dévotion volent en Dieu par leurs bonnes actions, mais rarement, lentement et pesamment ; les personnes dévotes volent en Dieu fréquemment, promptement et hautement. Bref, la dévotion n'est autre chose qu'une agilité et vivacité spirituelle par le moyen de laquelle la charité fait ses actions en nous, ou nous par elle, promptement et affectionnément ; et comme il appartient à la charité de nous faire généralement et universellement pratiquer tous les commandements de Dieu, il appartient aussi à la dévotion de les nous faire faire promptement et diligemment. C'est pourquoi celui qui n'observe tous les commandements de Dieu ne peut être estimé ni bon ni dévot, puisque pour être bon il faut avoir la charité, et pour être dévot, il faut avoir, outre la charité, une grande vivacité et promptitude aux actions charitables.

Et d'autant que la dévotion gît en certain degré d'excellente charité, non seulement elle nous rend prompts et actifs et diligents à l'observation de tous les commandements de Dieu ; mais outre cela, elle nous provoque à faire promptement et affectionnément le plus de bonnes œuvres que nous pouvons, encore qu'elles ne soient aucunement commandées, mais seulement conseillées ou inspirées. Car tout ainsi qu'un homme qui est nouvellement guéri de quelque maladie chemine autant qu'il lui est nécessaire, mais lentement et pesamment, de même le pécheur étant guéri de son iniquité, il chemine autant que Dieu lui commande, pesamment néanmoins et lentement jusques à tant qu'il ait atteint à la dévotion ; car alors, comme un homme bien sain, non seulement il chemine, mais il court et saute en la voie des commandements de Dieu, et, de plus, il passe et court dans les sentiers des conseils et inspirations célestes. Enfin, la charité et la dévotion ne sont non plus différentes l'une de l'autre que la flamme l'est du feu, d'autant que la charité étant un feu spirituel, quand elle est fort enflammée, elle s'appelle dévotion : si que la dévotion n'ajoute rien au feu de la charité, sinon la flamme qui rend la charité prompte, active et diligente, non seulement à l'observation des commandements de Dieu, mais à l'exercice des conseils et inspirations célestes.

[…] Le monde diffame tant qu'il peut la sainte dévotion, dépeignant les personnes dévotes avec un visage fâcheux, triste et chagrin, et publiant que la dévotion donne des humeurs mélancoliques et insupportables. […] Le Saint-Esprit, par la bouche de tous les saints, et Notre Seigneur par la sienne même nous assure que la vie dévote est une vie douce, heureuse et amiable.

Le monde voit que les dévots jeûnent, prient et souffrent les injures, servent les malades, donnent aux pauvres, veillent, contraignent leur colère, suffoquent et étouffent leurs passions, se privent des plaisirs sensuels et font telles et autres sortes d'actions, lesquelles en elles-mêmes et de leur propre substance et qualité sont âpres et rigoureuses ; mais le monde ne voit pas la dévotion intérieure et cordiale, laquelle rend toutes ces actions agréables, douces et faciles.

[…] Dieu commanda en la création aux plantes de porter leurs fruits, chacune selon son genre : ainsi commande-t-il aux chrétiens, qui sont les plantes vivantes de son Église, qu'ils produisent des fruits de dévotion, un chacun selon sa qualité et vocation. La dévotion doit être différemment exercée par le gentilhomme, par l'artisan, par le valet, par le prince, par la veuve, par la fille, par la mariée ; et non seulement cela, mais il faut accommoder la pratique de la dévotion aux forces, aux affaires et aux devoirs de chaque particulier.

[…] La dévotion ne gâte rien quand elle est vraie, mais elle perfectionne tout, et lorsqu'elle se rend contraire à la légitime vocation de quelqu'un, elle est sans doute fausse.

[…] C'est une erreur, et même une hérésie, de vouloir bannir la vie dévote de la compagnie des soldats, de la boutique des artisans, de la cour des princes, du ménage des gens mariés. Il est vrai, Philothée, que la dévotion purement contemplative, monastique et religieuse ne peut être exercée en ces vocations-là ; mais aussi, outre ces trois sortes de dévotion, il y en a plusieurs autres, propres à perfectionner ceux qui vivent en états séculiers. [...] Où que nous soyons, nous pouvons et devons aspirer à la vie parfaite[7].

Introduction à la vie dévote, I, 3

La vertu de dévotion n'est autre chose qu'une générale inclination et promptitude de l'esprit à faire ce qu'il connaît être agréable à Dieu ; c'est cette dilatation de cœur de laquelle David disait : *J'ai couru en la voie de vos commandements quand vous avez étendu mon cœur*[8]. Ceux qui sont simplement gens de bien cheminent en la voie de Dieu ; mais les dévots courent, et quand ils sont bien dévots, ils volent. Maintenant, je vous dirai quelques règles qu'il faut observer pour être vraiment dévote.

Il faut avant toutes choses observer les commandements généraux de Dieu et de l'Église, qui sont établis pour tout fidèle chrétien, et sans cela il ne peut y avoir aucune dévotion au monde : cela, chacun le sait. Outre les commandements généraux, il faut soigneusement observer les commandements particuliers qu'un chacun a pour le regard de sa vocation ; et quiconque ne le fait, quand il ferait ressusciter les morts, il ne laisse pas d'être en péché, et damné s'il y meurt. Comme par exemple, il est commandé aux évêques de visiter leurs brebis, les enseigner, redresser, consoler : que je demeure toute la semaine en oraison, que je jeûne toute ma vie, si je ne fais cela, je me perds. Qu'une personne fasse des miracles étant en état de mariage, et qu'elle ne rende pas le devoir de mariage

---

7. De façon constante dans la Tradition chrétienne, la *vie parfaite*, où ailleurs tout simplement la *perfection*, est une catégorie spirituelle et non morale, comme on le voit ici. La morale est satisfaite quand les commandements sont respectés ; en revanche, la *perfection* indique la maturité et l'épanouissement d'une vie qui ne se règle pas tant sur ce qui est permis ou défendu que sur la vocation de l'homme à mener par amour vie commune avec Dieu.
8. Ps 118, 32.

à sa partie, ou qu'elle ne se soucie point de ses enfants, *elle est pire qu'infidèle*, dit saint Paul[9] ; et ainsi des autres.

Voilà donc deux sortes de commandements qu'il faut soigneusement observer pour fondement de toute dévotion ; et néanmoins la vertu de dévotion ne consiste pas à les observer, mais à les observer avec promptitude et volontiers. Or, pour acquérir cette promptitude, il faut employer plusieurs choses à considérer.

La première, c'est que Dieu le veut ainsi, et il est bien raisonnable que nous fassions sa volonté, car nous ne sommes en ce monde que pour cela[10]. Hélas, tous les jours nous lui demandons *que sa volonté soit faite*[11], et quand elle se réalise, nous avons tant de peine ! Nous nous offrons à Dieu si souvent, nous lui disons à tous coups : « Seigneur, je suis vôtre, voilà mon cœur », et quand il nous veut employer nous sommes si lâches ! Comment pouvons-nous dire que nous sommes siens, si nous ne voulons accommoder notre volonté à la sienne ?

La deuxième considération, c'est de penser à la nature des commandements de Dieu, qui sont doux, gracieux et suaves, non seulement les généraux, mais encore les particuliers de la vocation. Et qu'est-ce donc qui vous les rend fâcheux ? Rien, à la vérité, sinon votre propre volonté, qui veut régner en vous à quelque prix que ce soit ; et les choses que peut-être elle désirerait si on ne les lui commandait, lui étant commandées, elle les rejette. De cent mille fruits délicieux, Ève choisit celui qu'on lui avait défendu, et sans doute que si on le lui eût permis, elle n'en eût pas mangé. C'est, en un mot, que nous voulons servir Dieu, mais à notre volonté et non pas à la sienne. Saül avait commandement de gâter et ruiner tout

---

9. I Tm 5, 8.
10. I Pi 4, 2.
11. Mt 6, 10.

ce qu'il rencontrerait en Amalech : il ruina tout, hormis ce qui était précieux qu'il réserva, et il en fit sacrifice ; mais Dieu déclara qu'il ne veut nul sacrifice contre l'obéissance[12]. Dieu me commande de servir aux âmes, et je veux demeurer à la contemplation : la vie contemplative est bonne, mais non pas au préjudice de l'obéissance. Ce n'est pas à nous de choisir à notre volonté ; il faut voir ce que Dieu veut, et si Dieu veut que je le serve en une chose, je ne dois pas vouloir le servir en une autre. Dieu veut que Saül le serve en qualité de roi et capitaine, et Saül le veut servir en qualité de prêtre[13] : il n'y a nulle difficulté que celle-ci est plus excellente que celle-là ; mais néanmoins Dieu ne se paie pas de cela, il veut être obéi.

Il est remarquable que Dieu avait donné de la manne aux enfants d'Israël, une viande très délicieuse[14], et voilà qu'ils n'en veulent pas, mais recherchent en leurs désirs les aulx et les oignons d'Égypte[15]. C'est notre chétive nature qui veut toujours que sa volonté soit faite, et non pas celle de Dieu. Or, à mesure que nous aurons moins de propre volonté, celle de Dieu sera plus aisément observée.

Il faut considérer qu'il n'y a nulle vocation qui n'ait ses ennuis, ses amertumes et degoûts ; et, qui plus est, si ce n'est ceux qui sont pleinement résignés en la volonté de Dieu, chacun voudrait volontiers changer sa condition en celle des autres : ceux qui sont évêques voudraient ne l'être pas ; ceux qui sont mariés voudraient ne l'être pas, et ceux qui ne le sont le voudraient être. D'où vient cette générale inquiétude des esprits, sinon d'un certain déplaisir que nous avons à la contrainte, et une malignité d'esprit qui nous fait penser que chacun est mieux que nous ? Mais c'est tout un : quiconque

---

12. I R 15, 3.
13. I R 13, 9.
14. Ex 16, 14.
15. Ex 15, 24.

n'est pleinement résigné, qu'il tourne deçà et delà, il n'aura jamais de repos. Ceux qui ont la fièvre ne trouvent nulle place bonne ; ils n'ont pas demeuré un quart d'heure en un lit qu'ils voudraient être en un autre : ce n'est pas le lit qui en peut mais, c'est la fièvre qui les tourmente partout. Une personne qui n'a point la fièvre de la propre volonté se contente de tout ; pourvu que Dieu soit servi, elle ne se soucie pas en quelle qualité Dieu l'emploie : pourvu qu'il fasse sa volonté divine, ce lui est tout un.

Mais ce n'est pas tout. Il faut non seulement vouloir faire la volonté de Dieu, mais pour être dévot, il la faut faire gaiement. Si je n'étais pas évêque, peut-être que, sachant ce que je sais, je ne le voudrais pas être ; mais l'étant, non seulement je suis obligé de faire ce que cette pénible vocation requiert, mais je dois le faire joyeusement, et dois me plaire en cela et m'y agréer. C'est le dire de saint Paul : *Chacun demeure en sa vocation devant Dieu*[16]. Il ne faut pas porter la croix des autres, mais la sienne ; et pour porter chacun la sienne, Notre Seigneur veut qu'un chacun *se renonce soi-même*[17], c'est-à-dire à sa propre volonté. « Je voudrais bien ceci et cela », « je serais mieux ici et là » : ce sont tentations. Notre Seigneur sait bien ce qu'il fait ; faisons ce qu'il veut, demeurons où il nous a mis.

Lettre à la Présidente Brûlart, 13 octobre 1604

1. 2. Le choix de la perfection

1. 2. 1. Sainteté de commandement et sainteté de conseil

On vient de voir que la dévotion « nous provoque à faire promptement et affectionnément le plus de bonnes œuvres que nous pouvons, encore qu'elles ne soient aucunement commandées, mais seu-

---

16. I Co 7, 24.
17. Mt 16, 24.

lement conseillées ou inspirées ». Le mot de conseil *pourrait sembler n'indiquer qu'une simple opinion ou une recommandation facultative, puisqu'il concerne « des bonnes œuvres qui ne sont aucunement commandées »*, *si bien qu'il serait finalement indifférent de le suivre ou de ne pas le suivre. Ce serait oublier que « nous pouvons et devons aspirer à la vie parfaite ». En réalité, si le conseil n'est pas contraignant comme le commandement, sa force n'en est pas moins beaucoup plus grande, car elle est celle de l'amour, lequel n'est jamais satisfait : obéir au commandement de Dieu m'interdit le vol, mais obéir au conseil évangélique de la pauvreté spirituelle me porte infiniment au-delà, et induit dans ma vie un renoncement aussi complet que possible à me satisfaire des biens matériels. Et si le mot de conseil a pour équivalent celui de* béatitude *dans la Tradition, c'est bien qu'au-delà des exigences de la seule justice, il recouvre une façon d'être heureux, celle qui nous fait préférer la volonté de celui que nous aimons à la nôtre. Entre* commandement et conseil, *il y a donc deux vies chrétiennes possibles, François de Sales et la dévotion s'adressant à ceux qui choisissent la seconde ; et il va d'abord bien nous la préciser pour nous permettre de bien la vivre.*

Après quoi, François de Sales va nous apprendre à lire en termes de conseils la volonté particulière de Dieu sur nous, ou si l'on préfère, notre vocation propre, car le dévot, nous dira-t-il, « ne reçoit les conseils que selon que Dieu le veut ». Enfin, paraphrasant implicitement ce que saint Paul explique aux Corinthiens de l'absolu de la charité par rapport au relatif des charismes, il finit de nous introduire à une vie chrétienne comprise comme une histoire d'amour entre le Christ et son disciple, où « tout est fait pour la charité ».

De la conformité de notre volonté à celle que Dieu nous a signifiée par ses conseils

Le commandement témoigne une volonté fort entière et pressante de celui qui ordonne; mais le conseil ne nous représente qu'une volonté de souhait. Le commandement nous oblige, le conseil nous incite seulement. Le commandement rend coupables les transgresseurs ; le conseil rend seulement moins louables ceux qui ne le suivent pas. Les violateurs des commandements méritent d'être damnés : ceux qui négligent les conseils méritent seulement d'être moins glorifiés. Il y a différence entre commander et recommander. Quand on commande, on use d'autorité pour obliger ; quand on recommande, on use d'amitié pour induire et provoquer. Le commandement impose nécessité ; le conseil et recommandation nous incite à ce qui est de plus grande utilité. Au commandement correspond l'obéissance, et la confiance au conseil. On suit le conseil afin de plaire, et le commandement pour ne pas déplaire. C'est pourquoi l'amour de complaisance qui nous oblige de plaire au Bien-Aimé, nous porte par conséquent à la poursuite de ses conseils ; et l'amour de bienveillance qui veut que toutes les volontés et affections lui soient soumises, fait que nous voulons, non seulement ce qu'il ordonne, mais ce qu'il conseille et à quoi il exhorte, ainsi que l'amour et respect qu'un enfant fidèle porte à son bon père le fait résoudre de vivre, non seulement selon les commandements qu'il impose, mais encore selon les désirs et inclinations qu'il manifeste.

Le conseil se donne véritablement en faveur de celui qu'on conseille, afin qu'il soit parfait : *Si tu veux être parfait,* dit le Sauveur, *va, vends tout ce que tu as, et donne-le aux pauvres, et suis-moi*[18] ! Mais le cœur amoureux ne reçoit pas le conseil pour son utilité, mais pour se conformer au désir de celui qui conseille, et rendre l'hommage qui est dû à sa volonté. Et partant, il ne reçoit les conseils que selon que Dieu le veut ; et Dieu ne veut pas qu'un chacun observe tous les conseils, mais seulement ceux qui sont convenables selon la diversité des personnes, des temps, des occasions et des forces, ainsi que la charité le requiert ; car c'est elle qui, comme reine de toutes les vertus, de tous les commandements, de tous les conseils, et en somme de toutes les lois et de toutes les

---

18. Mt 10, 21.

actions chrétiennes, leur donne à tous et à toutes le rang, l'ordre, le temps et la valeur.

Si ton père ou ta mère ont une vraie nécessité de ton assistance pour vivre, il n'est pas temps alors de pratiquer le conseil de la retraite en un monastère, car la charité t'ordonne que tu ailles en effet exécuter ce commandement d'*honorer*, servir, aider et secourir *ton père* ou *ta mère*[19]. Tu es un prince par la postérité duquel les sujets de la couronne qui t'appartient doivent être conservés en paix, et assurés contre la tyrannie, sédition et guerre civile : l'occasion donc d'un si grand bien t'oblige de produire en un saint mariage des légitimes successeurs ; ce n'est pas perdre la chasteté, ou du moins c'est la perdre chastement, que de la sacrifier au bien public en faveur de la charité. As-tu une santé faible, inconstante, qui a besoin de grands secours ? Ne te charge donc pas volontairement de la pauvreté matériellement observée, car la charité te le défend. Non seulement la charité ne permet pas aux pères de famille de tout vendre pour donner aux pauvres, mais elle leur ordonne de rassembler honnêtement ce qui est requis pour l'éducation et sustentation de sa femme, de ses enfants et de ses serviteurs, tout comme aux rois et aux princes d'avoir des trésors qui, provenant d'une juste épargne et non de tyranniques inventions, servent comme de salutaires précautions contre les ennemis visibles. Saint Paul ne conseille-t-il pas aux personnes mariées, passé le temps de l'oraison, de retourner au train bien réglé du devoir nuptial[20] ?

Les conseils sont tous donnés pour la perfection du peuple chrétien, mais non pas pour celle de chaque chrétien en particulier. Il y a des circonstances qui les rendent quelquefois impossibles, quelquefois inutiles, quelquefois périlleux, quelquefois nuisibles à quelques-uns. [...] Tout est fait pour la

---

19. Ex 29, 12.
20. I Co 7, 5.

charité, et la charité pour Dieu ; [...] aux uns elle ordonnera la chasteté, et non la pauvreté ; aux autres l'obéissance, et non la chasteté ; aux autres le jeûne, et non l'aumône ; aux autres l'aumône, et non le jeûne ; aux autres la solitude, et non la charge pastorale ; aux autres la conversation, et non la solitude. En somme, c'est une eau sacrée par laquelle le jardin de l'Église est fécondé, et bien qu'elle n'ait qu'une couleur sans couleur, les fleurs néanmoins qu'elle fait croître ne laissent pas d'avoir une chacune sa couleur différente. Elle fait des martyrs plus vermeils que la rose, des vierges plus blanches que le lis ; aux uns elle donne le fin violet de la mortification, aux autres le jaune des soucis du mariage, employant diversement les conseils pour la perfection des âmes qui sont si heureuses que de vivre sous sa conduite.

Traité de l'Amour de Dieu, VIII, 6

1. 2. 2. Est-il obligatoire d'être parfait ?

Il n'y a pas de vraie réponse à cette question : au dire de Jésus lui-même, le jeune homme riche de l'Évangile a satisfait aux obligations requises pour avoir la vie éternelle ; et pourtant, il s'en alla tout triste[21]. *Ce qui veut dire que la vie chrétienne, la* dévotion, *n'est pas exactement d'aller au ciel, mais de suivre le Christ et de mener la vie que lui-même a choisie. Beaucoup pensent qu'une honnête moyenne suffira pour être sauvés : « Si vous n'êtes pas larron vous ne serez pas pendu, voilà votre récompense*[22] *! », nous dit encore François de Sales, mais tous les amoureux savent que l'amour ne s'en contente pas, et que le plus grand malheur serait de s'en contenter.*

Je ne dis pas que ce soit péché de ne pratiquer pas les conseils. Non certes, Théotime, car c'est la propre différence du commandement au conseil, que le commandement nous oblige sous peine de péché, et le conseil nous invite sans peine

---

21. *Cf.* Mt 19, 22.
22. *Vrais entretiens spirituels*, XII, « De la vertu d'obéissance ».

de péché. Néanmoins je dis bien que c'est un grand péché de mépriser la prétention à la perfection chrétienne, et encore plus de mépriser l'avertissement par lequel Notre Seigneur nous y appelle ; mais c'est une impiété insupportable de mépriser les conseils et moyens d'y parvenir que Notre Seigneur nous indique.

C'est une hérésie de dire que Notre Seigneur ne nous a pas bien conseillés, et un blasphème de dire à Dieu : *Retire-toi de nous, nous ne voulons pas la science de tes voies*[23]. Mais c'est une irrévérence horrible contre celui qui, avec tant d'amour et de suavité nous invite à la perfection, de dire : « Je ne veux pas être saint ni parfait, ni avoir plus de part en votre bienveillance, ni suivre les conseils que vous me donnez pour progresser en elle. »

Traité de l'Amour de Dieu, VIII, 8

1. 2. 3. Un choix appuyé sur celui que le Christ a fait de nous

Voyez-vous, ma Philothée, il est certain que le cœur de notre cher Jésus voyait le vôtre dès l'arbre de la Croix, et l'aimait, et par cet amour lui obtenait tous les biens que vous aurez jamais, et entre autres nos résolutions. Oui, chère Philothée, nous pouvons tous dire comme Jérémie : *Ô Seigneur, avant que je fusse, vous me regardiez et m'appeliez par mon nom*[24], d'autant que vraiment sa divine bonté prépara en son amour et miséricorde tous les moyens généraux et particuliers de notre salut, et par conséquent nos résolutions. Oui, sans doute : comme une femme enceinte prépare le berceau, les linges et bandelettes, et même une nourrice pour l'enfant qu'elle espère faire, encore qu'il ne soit pas au monde, ainsi

---

23. Jb 21, 14.
24. Jr 1, 4-5.

Notre Seigneur ayant sa bonté grosse et enceinte de vous, prétendant de vous enfanter au salut et vous rendre sa fille, prépara sur l'arbre de la croix tout ce qu'il fallait pour vous : votre berceau spirituel, vos linges et bandelettes, votre nourrice et tout ce qui était convenable pour votre bonheur. Ce sont tous les moyens, tous les attraits, toutes les grâces avec lesquelles il conduit votre âme et la veut tirer à sa perfection.

Ah, mon Dieu ! que nous devrions profondément mettre ceci en notre mémoire : « Est-il possible que j'aie été aimée, et si doucement aimée de mon Sauveur, qu'il allât penser à moi en particulier, et en toutes ces petites occurrences par lesquelles il m'a tirée à lui ? » Et combien donc devons-nous aimer, chérir et bien employer tout cela à notre utilité ! Ceci est bien doux : ce cœur amiable de mon Dieu pensait en Philothée, l'aimait et lui procurait mille moyens de salut, autant comme s'il n'eût point eu d'autre âme au monde en qui il eût pensé, ainsi que le soleil éclairant un endroit de la terre ne l'éclaire pas moins que s'il n'éclairait point ailleurs et qu'il éclairât cela seul ; car tout de même Notre Seigneur pensait et soignait pour tous ses chers enfants, en sorte qu'il pensait à un chacun de nous comme s'il n'eût point pensé à tout le reste. *Il m'a aimé*, dit saint Paul, *et s'est donné pour moi*[25], comme s'il disait : pour moi seul, tout autant comme s'il n'eût rien fait pour le reste. Ceci, Philothée, doit être gravé en votre âme, pour bien chérir et nourrir votre résolution qui a été si précieuse au cœur du Sauveur.

Introduction à la vie dévote, V, 14

⇨ Textes complémentaires 2. 10 ; 2. 11.

---

25. Ga 2, 20.

1. 3. « Qu'il faut avoir bon courage. »

> *Tout ce qui précède peut nous sembler bien beau, mais enfin réservé à des gens plus doués que nous pour la sainteté ! C'est là que François de Sales nous attend : aucun maître ne l'approche dans l'art de relever les faibles que nous sommes tous. Il dénonce mille fois la fausse humilité qui est le prétexte le plus fréquent que nous nous donnons pour nous dispenser de ce dont Dieu nous rend pourtant capables : on oublie que la sainteté est surnaturelle, que Jésus-Christ n'avait pas plus envie que nous de mourir sur la Croix, et que l'effort qui nous est demandé est celui de la foi, et non celui des œuvres, qu'elle rendra possible. La foi, c'est de « regarder perpétuellement en toutes occasions Notre Seigneur » ; les œuvres suivront sans même que nous nous en apercevions, car c'est Dieu qui les produira en nous : là où tant de moralistes nous exhortent à la performance, François de Sales nous invite « doucement et tranquillement » à la confiance en Dieu, au « saint abandon » qui sera le fil conducteur de quatre siècles de tradition salésienne.*

Il se pourra bien faire, ma chère Philothée, qu'à ce changement de vie plusieurs soulèvements se feront en votre intérieur, et que ce grand et général adieu que vous avez dit aux folies et niaiseries du monde vous donnera quelque ressentiment de tristesse et découragement. Si cela vous arrive, ayez un peu de patience, je vous prie, car ce ne sera rien : ce n'est qu'un peu d'étonnement que la nouveauté vous apporte ; passé cela, vous recevrez dix mille consolations. […]

Mais vous voyez que la montagne de la perfection chrétienne est extrêmement haute : « Hé, mon Dieu, dites-vous, comment pourrai-je monter ? » Courage, Philothée ; quand les petits moucherons des abeilles commencent à prendre forme, on les appelle *nymphes*, et alors ils ne sauraient encore voler sur les fleurs, ni sur les monts, ni sur les collines voisines pour amasser le miel ; mais petit à petit, se nourrissant du miel que leurs mères ont préparé, ces petites nymphes prennent des ailes et se fortifient, en sorte que par après elles volent à la quête par tout le paysage. Il est vrai, nous sommes encore de petits moucherons en la dévotion, nous ne saurions monter selon notre dessein, qui n'est rien moindre que d'atteindre à la cime de la perfection chrétienne ; mais aussi commençons-nous à prendre forme par nos désirs et résolutions, les ailes nous commencent à sortir, il faut donc espérer qu'un jour nous serons abeilles spirituelles et que nous volerons ; et en attendant, vivons du miel de tant d'enseignements que les anciens dévots nous ont laissés, et prions Dieu qu'il nous donne des plumes comme à la colombe, afin que non seulement nous puissions voler au temps de la vie présente, mais aussi nous reposer en l'éternité de la future.

Introduction à la vie dévote, IV, 2

Je voudrais vous pouvoir arracher toute cette tendreté aux contradictions, tentations, privations de ce que l'on désire et, qu'avec un cœur généreux, vous surnageassiez. Là-dessus, dire des paroles de fermeté, de mépris, de courage et de force avec la partie supérieure[26], et ne s'arrêter jamais à regarder rien de tout cela, mais passer outre en votre chemin, n'ayant nul soin du lendemain, car il n'en faut point avoir ; mais à la bonne foi, sous la Providence de Dieu, ne vous souciant que du jour présent, laissant votre cœur à Notre Seigneur, car vous le lui avez donné, sans jamais le vouloir reprendre pour aucune chose. Puisque vous avez abîmé votre volonté dans la sienne, que vous avez prise pour vôtre, il ne faut plus rien vouloir, mais se laisser porter et emporter au gré de la divine volonté, dans les effets de laquelle il faut demeurer doucement et tranquillement, sans se divertir pour chose quelconque, regardant perpétuellement en toutes occasions Notre Seigneur.

Lettre à Jeanne de Chantal, entre 1612 et 1616

⇒ Textes complémentaires 2. 4 ; 2. 5.

---

26. La *partie supérieure* de l'âme est sa partie rationnelle, que nous partageons avec les créatures spirituelles, par opposition avec sa *partie inférieure*, siège des émotions et des passions, que nous partageons avec les animaux.

Chapitre 2

Le dévot et la prière : l'oraison dans le siècle

La base de la dévotion est la prière ; et plus directement, cette conversation intime et familière avec Dieu que la Tradition appelle oraison. Mais « vous ne savez peut-être pas, Philothée, comment il faut faire l'oraison mentale, car c'est une chose que, par malheur, peu de gens savent en notre âge… » L'expression même d'oraison mentale déconcerte aujourd'hui. Elle est pourtant au cœur de la prière moderne, c'est-à-dire depuis que la laïcisation de la société a nettement isolé des moments de prière du reste de la vie, celle-ci n'étant plus spontanément référée au sacré et à la présence de Dieu. Se remettre en cette présence de Dieu sera le premier pas de l'oraison, et à partir de là, elle s'organisera comme une prise de conscience de ses exigences dans toute notre vie, pour qu'elle se laisse peu à peu transformer par la grâce, jusqu'à ce que s'accomplisse en nous la parole de saint Paul citée 47 fois par François de Sales : Ce n'est plus moi quoi vis, mais c'est le Christ qui vit en moi[27] !

2. 1. Les préalables à une vie de prière

Saint François de Sales est en train de commenter l'Évangile de la présentation de Jésus au Temple, dans lequel le vieillard Siméon reçoit Jésus dans ses bras, image classique de l'oraison dans la littérature spirituelle :

Il n'y a qu'une seule chose nécessaire pour bien faire l'oraison, qui est d'avoir Notre Seigneur entre nos bras ; cela étant, elle est toujours bien faite de quelque façon que nous nous

---

27. Ga 2, 20.

y prenions. Il n'y a point d'autre finesse, et sans cette condition, jamais nos oraisons ne vaudront rien, ni ne pourront être reçues de Dieu ; car le divin maître l'a dit lui-même : *Nul ne peut aller à mon Père que par moi*[28].

[...] Nous sommes d'autant moins capables de faire la très sainte oraison, que nous avons notre volonté moins unie et ajustée avec celle de Notre Seigneur. Il faut que je me fasse mieux entendre. Demandez à une personne où elle va : « Je m'en vais faire l'oraison. » Cela est bon, Dieu vous veuille acheminer au but de votre désir et entreprise ; mais dites-moi, je vous prie, qu'est-ce que vous y allez faire ? « Je m'en vais demander à Dieu des consolations. » C'est bien dit ; vous ne voulez donc pas ajuster votre volonté à celle de Dieu qui veut que vous y ayez des sécheresses et des stérilités ? Cela n'est pas être juste[29] ! « Oh ! je m'en vais demander à Dieu qu'il me délivre de tant de distractions qui m'y arrivent et qui m'y importunent. » Hélas ! ne voyez-vous pas que tout cela n'est pas rendre votre volonté capable d'être unie et ajustée à celle de Notre Seigneur, qui veut qu'entrant à l'oraison vous soyez résolue d'y souffrir la peine des continuelles distractions, sécheresses et dégoûts qui vous y surviendront, demeurant aussi contente que si vous y aviez beaucoup de consolations et de tranquillité, puisque c'est une chose certaine que votre oraison ne sera pas moins agréable à Dieu, ni à vous moins utile, pour être faite avec plus de difficultés. Pourvu que nous ajustions notre volonté avec celle de la divine Majesté en toutes sortes d'événements, soit en l'oraison ou en d'autres occurrences, nous ferons toujours nos oraisons et toutes autres choses utilement et agréablement aux yeux de sa bonté.

La seconde condition que nous trouvons être nécessaire pour bien faire l'oraison est que nous *attendions*, comme le

---

28. Jn 14, 6.
29. Allusion à l'évangile du jour : *Siméon était un homme juste*.

bon saint Siméon, *la rédemption d'Israël*[30], c'est-à-dire que nous vivions en l'attente de notre propre perfection. Oh, qu'heureux sont ceux qui, vivant en attente, ne se lassent point d'attendre ! Ce que je dis pour beaucoup qui, ayant le désir de se perfectionner par l'acquisition des vertus, les voudraient avoir toutes d'un coup. […] Il faut que nous nous accoutumions à rechercher l'événement de notre perfection selon les voies ordinaires, en tranquillité de cœur, faisant tout ce que nous pouvons pour acquérir les vertus par la fidélité que nous aurons à les pratiquer, un chacun selon notre condition et vocation ; et demeurons en attente pour ce qui regarde de parvenir tôt ou tard au but de notre prétention, laissant cela à la divine Providence. […] Nous aurons toujours assez tôt ce que nous désirons, quand nous l'aurons lorsqu'il plaira à Dieu de nous le donner.

Sermon XXVIII, sur la fête de la Purification (2 février 1620)

⇨ Textes complémentaires 2. 3 ; 2. 6 ; 2. 8 ; 4. 2 ; 5. 1.

2. 2. De la nécessité de l'oraison

L'oraison mettant notre entendement en la clarté et lumière divine, et exposant notre volonté à la chaleur de l'amour céleste, il n'y a rien qui purge tant notre entendement de ses ignorances et notre volonté de ses affections dépravées : c'est l'eau de bénédiction qui, par son arrosement, fait reverdir et fleurir les plantes de nos bons désirs, lave nos âmes de leurs imperfections et désaltère nos cœurs de leurs passions.

Mais surtout, je vous conseille la mentale et cordiale, et particulièrement celle qui se fait autour de la vie et Passion de Notre Seigneur : en le regardant souvent par la méditation,

---

30. Lc 2, 25.

toute votre âme se remplira de lui ; vous apprendrez ses contenances, et formerez vos actions au modèle des siennes.

[…] Croyez-moi, nous ne saurions aller à Dieu le Père que par cette porte ; car tout ainsi que la glace d'un miroir ne saurait arrêter notre vue si elle n'était enduite d'étain ou de plomb par derrière, aussi la divinité ne pourrait être bien contemplée par nous en ce bas monde, si elle ne se fût jointe à la sacrée humanité du Sauveur, duquel la vie et la mort sont l'objet le plus proportionné, suave, délicieux et profitable que nous puissions choisir pour notre méditation ordinaire. […]

Employez-y chaque jour une heure avant dîner, s'il se peut au commencement de votre matinée, parce que vous aurez votre esprit moins embarrassé et plus frais après le repos de la nuit. N'y mettez pas aussi davantage d'une heure, si votre père spirituel ne le vous dit expressément.

Si vous pouvez faire cet exercice dans l'église, et que vous y trouviez assez de tranquillité, ce vous sera une chose fort aisée et commode, parce que nul, ni père, ni mère, ni femme, ni mari, ni autre quelconque ne pourra vous bonnement empêcher de demeurer une heure dans l'église, là où étant en quelque sujétion vous ne pourriez peut-être pas vous promettre d'avoir une heure si franche dedans votre maison.

Commencez toutes sortes d'oraison, soit mentale soit vocale, par la présence de Dieu, et tenez cette règle sans exception, et vous verrez dans peu de temps combien elle vous sera profitable.

Si vous me croyez, vous direz votre *Pater*, votre *Ave Maria* et le credo en latin ; mais vous apprendrez aussi à bien entendre les paroles qui y sont en votre langage, afin que, les disant au langage commun de l'Église, vous puissiez néanmoins savourer le sens admirable et délicieux de ces saintes oraisons, lesquelles il faut dire fichant profondément votre pensée et excitant vos affections sur le sens d'icelles, et ne vous hâtant nullement pour en dire beaucoup, mais vous étudiant de dire ce que vous direz cordialement ; car un seul *Pater* dit avec sentiment vaut mieux que plusieurs récités vitement et couramment.

Le chapelet est une très utile manière de prier, […] et toutes les autres prières vocales, à la charge néanmoins que si vous avez le don de l'oraison mentale, vous lui gardiez toujours la principale place ; en sorte que si après icelle, ou pour la multitude des affaires ou pour quelque autre raison, vous ne pouvez point faire de prière vocale, vous ne vous en mettiez point en peine pour cela. […]

Si faisant l'oraison vocale, vous sentez votre cœur tiré et convié à l'oraison intérieure ou mentale, ne refusez point d'y aller, mais laissez tout doucement couler votre esprit de ce côté-là, et ne vous souciez point de n'avoir pas achevé les oraisons vocales que vous vous étiez proposées ; car la mentale que vous aurez faite en leur place est plus agréable à Dieu et plus utile à votre âme.

Introduction à la vie dévote, II, 1

⇨ Textes complémentaires 2. 8 ; 2. 9 ; 2. 10.

2. 3. L'apprentissage de l'oraison

L'oraison mentale telle que François de Sales l'enseigne à Philothée est le fruit le plus mûr de ce grand mouvement spirituel né au XIVe siècle dans l'Europe du Nord que l'on appelle la Devotio moderna, *et dont les héritiers en Europe du Sud seront notamment saint Ignace de Loyola et sainte Thérèse d'Avila. On sait l'importance des jésuites dans l'éducation et dans la vie de François, mais la composante carmélitaine n'est pas moins importante dans son enseignement : Thérèse d'Avila est l'auteur moderne le plus cité de toute son œuvre. Ce qu'il va maintenant nous dire de l'apprentissage de l'oraison se trouve au confluent de ces deux traditions espagnoles, et aura modelé la prière de millions d'âmes dans le monde.*

Mais vous ne savez peut-être pas, Philothée, comment il faut faire l'oraison mentale, car c'est une chose que, par malheur, peu de gens savent en notre âge. C'est pourquoi je vous présente une simple et brève méthode pour cela.

⇨ Textes complémentaires 2. 5 à 2. 11 ; 3. 1.

2. 3. 1. Se mettre en présence de Dieu

Le premier [moyen pour se mettre en présence de Dieu] consiste en une vive et attentive appréhension de la toute présence de Dieu, c'est-à-dire que Dieu est en tout et partout, et qu'il n'y a lieu ni chose en ce monde où il ne soit d'une très aimable présence. [...] Car encore que nous sachions bien qu'il est présent à toutes choses, si est-ce que n'y pensant point, c'est tout comme si nous ne le savions point. C'est pourquoi toujours, avant l'oraison, il faut provoquer notre âme à une attentive pensée et considération de cette présence de Dieu. [...]

Le second moyen de se mettre en cette sacrée présence, c'est de penser que non seulement Dieu est au lieu où vous êtes, mais qu'il est très particulièrement en votre cœur et au fond de votre esprit, lequel il vivifie et anime de sa divine présence, étant là comme le cœur de votre cœur et l'esprit de votre esprit. [...]

Le troisième moyen, c'est de considérer notre Sauveur, lequel en son humanité regarde depuis le ciel toutes les personnes du monde, mais particulièrement les chrétiens qui sont ses enfants, et plus spécialement ceux qui sont en prière.

La quatrième façon consiste à se servir de la simple imagination, nous représentant le Sauveur en son humanité sacrée somme s'il était près de nous. [...]

Vous userez donc de l'un de ces quatre moyens, pour mettre votre âme en la présence de Dieu avant l'oraison ; et ne faut pas les vouloir employer tous ensemble, mais seulement un à la fois, et cela brièvement et simplement.

Introduction à la vie dévote, II, 2

⇨ Texte complémentaire 2. 11.

2. 3. 2. Invoquer Dieu

L'invocation se fait en cette manière : votre âme se sentant en la présence de Dieu, se prosterne en une extrême révérence, se connaissant très indigne de demeurer devant une si souveraine Majesté, et néanmoins sachant que cette même Bonté le veut, elle lui demande la grâce de la bien servir et adorer en cette méditation.

Introduction à la vie dévote, II, 3

2. 3. 3. Entrer dans le mystère par sa représentation

[Ensuite] proposer à son imagination le corps du mystère que l'on veut méditer, comme s'il se passait réellement et de fait en notre présence. Par exemple, si vous voulez méditer Notre Seigneur en croix, vous vous imaginerez d'être au mont de Calvaire et que vous voyez tout ce qui se fit et se dit au jour de la Passion ; ou, si vous voulez, car c'est tout un, vous vous imaginerez qu'au lieu même ou vous êtres se fait le crucifiement de Notre Seigneur, en la façon que les évangélistes la décrivent. [...]

Par le moyen de cette imagination, nous enfermons notre esprit dans le mystère que nous voulons méditer, afin qu'il n'aille pas courant çà et là, ni plus ni moins que l'on enferme un oiseau dans une cage, ou bien comme l'on attache l'épervier à ses longes, afin qu'il demeure dessus le poing. Quelques-uns vous diront néanmoins qu'il est mieux d'user de la simple pensée de la foi, et d'une simple appréhension toute mentale et spirituelle, en la représentation de ces mystères, ou bien de considérer que les choses se font en votre propre esprit ; mais cela est trop subtil pour le commencement, et jusques à ce que Dieu vous élève plus haut, je vous conseille, Philothée, de vous retenir en la basse vallée que je vous montre.

Introduction à la vie dévote, II, 4

2. 3. 4. De l'imagination à l'intelligence

Après l'action de l'imagination, s'ensuit l'action de l'entendement que nous appelons méditation, qui n'est autre chose qu'une ou plusieurs considérations faites afin d'émouvoir nos affections en Dieu et aux choses divines : en quoi la méditation est différente de l'étude et des autres pensées et considérations, lesquelles ne se font pas pour acquérir la vertu ou l'amour de Dieu, mais pour quelques autres fins et intentions, comme pour devenir savant, pour en écrire ou disputer.

> ***Exemple de considération (à propos du paradis) :***
>
> Considérez une belle nuit bien sereine, et pensez combien il fait bon voir le ciel avec cette multitude et variété d'étoiles. Or, joignez maintenant cette beauté avec celle d'un beau jour, en sorte que la clarté du soleil n'empêche point la claire vue des étoiles ni de la lune ; et puis après, dites hardiment que toute cette beauté mise ensemble n'est rien au prix de l'excellence du grand paradis. Oh, que ce lieu est désirable et aimable, que cette cité est précieuse !
>
> Introduction à la vie dévote, I, 16

Ayant donc enfermé votre esprit, comme j'ai dit, dans l'enclos du sujet que vous voulez méditer, ou par l'imagination, si le sujet est sensible, ou par la simple proposition s'il est insensible, vous commencerez à faire sur icelui des considérations. […] Que si votre esprit trouve assez de goût, de lumière et de fruit sur l'une des considérations, vous vous y arrêterez sans passer plus outre, faisant comme les abeilles qui ne quittent point la fleur tandis qu'elles y trouvent du miel à recueillir. Mais si vous ne réussissez pas selon votre souhait en l'une des considérations, après avoir un peu marchandé et essayé, vous passerez à une autre ; mais allez tout bellement et simplement en cette besogne, sans vous y empresser.

Introduction à la vie dévote, II, 5

2. 3. 5. De l'intelligence à la volonté

La méditation répand des bons mouvements en la volonté ou partie affective de notre âme, comme sont l'amour de Dieu et du prochain, le désir du paradis et de la gloire, le zèle du salut des âmes, l'imitation de la vie de Notre Seigneur, la compassion, l'admiration, la réjouissance, la crainte de la disgrâce de Dieu, du jugement et de l'enfer, la haine du péché, la confiance en la bonté et miséricorde de Dieu, la confusion pour notre mauvaise vie passée ; et en ces affections, notre esprit se doit épancher et étendre le plus qu'il lui sera possible. […]

Il ne faut pas pourtant, Philothée, s'arrêter tant à ces affections générales que vous ne les convertissiez en des résolutions spéciales et particulières pour votre correction et amendement. Par exemple, la première parole que Notre Seigneur dit sur la Croix répandra sans doute une bonne affection d'imitation en votre âme, à savoir, le désir de pardonner à vos ennemis et de les aimer. Or, je dis maintenant que cela est peu de chose, si vous n'y ajoutez une résolution spéciale en cette sorte : « Or, sus donc, je ne me piquerai plus de telles paroles fâcheuses qu'un tel et une telle, mon voisin ou ma voisine, mon domestique ou ma domestique, disent de moi, ni de tel et tel mépris qui m'est fait par celui-ci ou celle-là ; au contraire, je dirai et ferai telle et telle chose pour le gagner et adoucir, et ainsi des autres. » Par ce moyen, Philothée, vous corrigerez vos fautes en peu de temps, là où par les seules affections vous le ferez tard et malaisément.

Introduction à la vie dévote, II, 6

> ### *Une mise en garde nécessaire !*
>
> *L'aboutissement de toute prière est la conformation de notre volonté (de nos affections) à celle de Dieu, et c'est sa grâce seule qui opère cela, notre rôle étant de nous offrir à son action. Et d'une personne à l'autre, cette grâce prend des chemins bien différents. La plupart se reconnaîtront dans la méthode exposée par saint François de Sales, mais lui-même souligne qu'elle n'est pas universelle, et qu'il faut savoir la dépasser lorsque Dieu nous porte par un chemin plus simple ou plus rapide :*
>
> Il vous arrivera quelque fois, qu'incontinent après la préparation, votre affection se trouvera toute émue en Dieu ; alors, Philothée, il lui faut lâcher la bride, sans vouloir suivre la méthode que je vous ai donnée ; car bien que pour l'ordinaire, la considération doit précéder les affections et résolutions, si est-ce que le Saint-Esprit vous donnant les affections avant la considération, vous ne devez par chercher la considération, puisqu'elle ne se fait que pour émouvoir l'affection. Bref, toujours quand les affections se présenteront à vous, il les faut recevoir et leur faire place, soit qu'elles arrivent avant ou après toutes les considérations.
>
> *Introduction à la vie dévote*, II, 8

2. 3. 6. De la prière à l'action

Ceux qui se sont promenés en un beau jardin n'en sortent pas volontiers sans prendre en leur main quatre ou cinq fleurs pour les odorer et tenir le long de la journée : ainsi notre esprit ayant discouru sur quelque mystère par la méditation, nous devons choisir un ou deux ou trois points que nous aurons trouvés plus à notre goût, et plus propres à notre avancement, pour nous en ressouvenir le reste de la journée et les odorer spirituellement. Or, cela se fait sur le lieu même auquel nous avons fait la méditation, en nous y entretenant ou promenant solitairement quelque temps après.

Introduction à la vie dévote, II, 7

Rappelez le plus souvent que vous pourrez parmi la journée votre esprit en la présence de Dieu par l'une des quatre façons que je vous ai marquées ; regardez ce que Dieu fait et ce que vous faites : vous verrez ses yeux tournés de votre côté, et perpétuellement fichés sur vous par un amour incomparable.

Introduction à la vie dévote, II, 12

On se retire en Dieu parce qu'on aspire à lui, et on y aspire pour s'y retirer ; si que l'aspiration en Dieu et la retraite spirituelle s'entretiennent l'une l'autre, et toutes deux proviennent et naissent des bonnes pensées.

Aspirez donc bien souvent en Dieu, Philothée, par des courts mais ardents élancements de votre cœur : admirez sa beauté, invoquez son aide, jetez-vous en esprit au pied de la Croix, adorez sa bonté, interrogez-le souvent de votre salut, donnez-lui mille fois le jour votre âme, fichez vos yeux intérieurs sur sa douceur, tendez-lui la main, comme un petit enfant à son père, afin qu'il vous conduise. […]

Or, en cet exercice de la retraite spirituelle et des oraisons jaculatoires gît la grande œuvre de la dévotion : il peut suppléer au défaut de toutes les autres oraisons, mais le manquement d'icelui ne peut presque point être réparé par aucun autre moyen. Sans icelui, on ne peut pas bien faire la vie contemplative, et ne saurait-on que mal faire la vie active ; sans icelui, le repos n'est qu'oisiveté, et le travail, qu'embarrassement ; c'est pourquoi je vous conjure de l'embrasser de tout votre cœur, sans jamais vous en départir.

Introduction à la vie dévote, II, 13

⇨ Textes complémentaires 2. 7. ; 3. 1.

Chapitre 3

Le dévot et les biens de ce monde :

une pauvreté éclairée

On a parlé à propos de saint François de Sales de l'humanisme dévot[31]. Humaniste est celui qui vise l'équilibre et l'épanouissement de la personne humaine considérée pour elle-même, et non sa conformité à quelque perfection idéale et souvent bien théorique. Dans l'usage des biens de ce monde, ce point de vue conduit l'évêque de Genève à des solutions très pragmatiques dans les questions de fortune ; il sait qu'il est difficile d'être riche, et que la liberté intérieure s'accommode mal du superflu. Par ailleurs, le principal reproche qu'il fera à son époque est son injustice et l'inconscience des puissants. Ceci étant, le dévot doit profiter sans complexe des bienfaits de la civilisation, mais avec la lucidité de celui qui sait que tout passe ici-bas, et que sa vraie fortune est ailleurs.

3. 1. Le dévot dans les affaires

Le soin et la diligence que nous devons avoir en nos affaires sont choses bien différentes de la sollicitude, souci et empressement. Les anges ont soin pour notre salut et le procurent avec diligence, mais ils n'en ont point pour cela de sollicitude, souci, ni d'empressement ; car le soin et la diligence appartiennent a leur charité, mais aussi la sollicitude, le souci et l'empressement seraient totalement contraires a leur féli-

---

31. *Cf.* Henri Brémond, *Histoire littéraire du sentiment religieux,* tome I « L'humanisme dévot (1580-1660) ».

cité, puisque le soin et la diligence peuvent être accompagnés de la tranquillité et paix d'esprit, mais non pas la sollicitude ni le souci, et beaucoup moins l'empressement. Soyez donc soigneuse et diligente en toutes les affaires que vous aurez en charge, ma Philothée, car Dieu vous les ayant confiées veut que vous en ayez un grand soin ; mais s'il est possible n'en soyez pas en sollicitude et souci, c'est-à-dire, ne les entreprenez pas avec inquiétude, anxiété et ardeur. Ne vous empressez point à la besogne : car toute sorte d'empressement trouble la raison et le jugement, et nous empêche même de bien faire la chose à laquelle nous nous empressons.

Quand Notre Seigneur reprend sainte Marthe il dit : *Marthe, Marthe, tu es en souci et tu te troubles pour beaucoup de choses*[32]. Voyez-vous, si elle eût été simplement soigneuse elle ne se fût point troublée ; mais parce qu'elle était en souci et inquiétude, elle s'empresse et se trouble, et c'est en quoi Notre Seigneur la reprend. Les fleuves qui vont doucement coulant en la plaine portent les grands bateaux et riches marchandises, et les pluies qui tombent doucement en la campagne la fécondent d'herbes et de graines ; mais les torrents et rivières qui à grands flots courent sur la terre, ruinent leurs voisinages et sont inutiles au trafic, comme les pluies véhémentes et tempétueuses ravagent les champs et les prairies. Jamais besogne faite avec impétuosité et empressement ne fut bien faite : il faut dépêcher tout bellement, comme dit l'ancien proverbe. *Celui qui se hâte*, dit Salomon, *court fortune* d'achopper *et heurter des pieds*[33]. Nous faisons toujours assez tôt quand nous faisons bien. Les bourdons font bien plus de bruit et sont bien plus empressés que les abeilles, mais ils ne font sinon la cire et non point le miel : ainsi ceux qui s'empressent d'un souci cuisant et d'une sollicitude bruyante, ne font jamais ni

---

32. Lc 10, 41.
33. Pr 19, 2.

beaucoup ni bien. Les mouches ne nous inquiètent pas par leur effort, mais par la multitude : ainsi les grandes affaires ne nous troublent pas tant comme les menues, quand elles sont en grand nombre. Recevez donc les affaires qui vous arriveront en paix, et tâchez de les faire par ordre, l'une après l'autre ; car si vous les voulez faire tout à coup ou en désordre, vous ferez des efforts qui vous fouleront et alanguiront votre esprit ; et pour l'ordinaire, vous demeurerez accablée sous la presse, et sans effet.

Et en toutes vos affaires, appuyez-vous totalement sur la Providence de Dieu, par laquelle seule tous vos desseins doivent réussir ; travaillez néanmoins de votre côté tout doucement pour coopérer avec icelle, et puis croyez que si vous vous êtes bien confiée en Dieu, le succès qui vous arrivera sera toujours le plus profitable pour vous, soit qu'il vous semble bon ou mauvais selon votre jugement particulier. Faites comme les petits enfants qui de l'une des mains se tiennent à leur père, et de l'autre cueillent des fraises ou des mûres le long des haies ; car de même, amassant et maniant les biens de ce monde de l'une de vos mains, tenez toujours de l'autre la main du Père céleste, vous retournant de temps en temps a lui, pour voir s'il a agréable votre ménage ou vos occupations. Et gardez bien sur toutes choses de quitter sa main et sa protection, pensant d'amasser ou recueillir davantage ; car s'il vous abandonne, vous ne ferez point de pas sans donner du nez en terre. Je veux dire, ma Philothée, que quand vous serez parmi les affaires et occupations communes, qui ne requièrent pas une attention si forte et si pressante, vous regardiez plus Dieu que les affaires ; et quand les affaires sont de si grande importance qu'elles requièrent toute votre attention pour être bien faites, de temps en temps vous regarderez à Dieu, comme font ceux qui naviguent en mer, lesquels, pour aller à la terre qu'ils désirent, regardent plus en haut au ciel que non pas en bas ou ils voguent. Ainsi Dieu travaillera avec vous, en vous et pour vous, et votre travail sera suivi de consolation.

Introduction à la vie dévote, III, 10

⇨ Texte complémentaire 3. 1.

3. 2. Abondance matérielle et pauvreté spirituelle

3. 2. 1. La pauvreté quand on est dans l'abondance

Bienheureux sont les pauvres d'esprit, car le Royaume des cieux est à eux[34] ; malheureux donc sont les riches d'esprit, car la misère d'enfer est pour eux. Celui est riche d'esprit lequel a ses richesses dedans son esprit, ou son esprit dedans les richesses ; celui est pauvre d'esprit qui n'a nulles richesses dans son esprit, ni son esprit dedans les richesses. Les alcyons font leurs nids comme une paume, et ne laissent en iceux qu'une petite ouverture du côté d'en haut ; ils les mettent sur le bord de la mer, et au demeurant les font si fermes et impénétrables que, les ondes les surprenant, jamais l'eau n'y peut entrer ; mais tenant toujours le dessus, ils demeurent dans la mer, sur la mer et maîtres de la mer. Votre cœur, chère Philothée, doit être comme cela, ouvert seulement au ciel, et impénétrable aux richesses et choses caduques : si vous en avez, tenez votre cœur exempt de leurs affections ; qu'il tienne toujours le dessus, et que dans les richesses il soit sans richesses et maître des richesses. Non, ne mettez pas cet esprit céleste dedans les biens terrestres ; faites qu'il leur soit toujours supérieur, sur eux, non pas en eux.

Il y a différence entre avoir du poison et être empoisonné ; les apothicaires ont presque tous des poisons pour s'en servir en diverses occurrences, mais ils ne sont pas pour cela empoi-

---

34. Mt 5, 3.

sonnés, parce qu'ils n'ont pas le poison dedans le corps, mais dedans leurs boutiques ; ainsi pouvez-vous avoir des richesses sans être empoisonnée par icelles : ce sera si vous les avez en votre maison ou en votre bourse, et non pas en votre cœur. Être riche en effet et pauvre d'affection c'est le grand bonheur du chrétien ; car il a par ce moyen les commodités des richesses pour ce monde et le mérite de la pauvreté pour l'autre.

Hélas, Philothée, jamais nul ne confessera d'être avare ; chacun désavoue cette bassesse et vileté de cœur. On s'excuse sur la charge des enfants qui presse, sur la sagesse qui requiert qu'on s'établisse en moyens : jamais on n'en a trop, il se trouve toujours certaines nécessités d'en avoir davantage ; et même les plus avares, non seulement ne confessent pas de l'être, mais ils ne pensent pas en leur conscience de l'être ; non, car l'avarice est une fièvre prodigieuse, qui se rend d'autant plus insensible qu'elle est plus violente et ardente. Moïse vit le feu sacré qui brûlait un buisson et ne le consumait nullement[35], mais au contraire, le feu profane de l'avarice consume et dévore l'avaricieux et ne le brûle aucunement ; au moins, dans ses ardeurs et chaleurs plus excessives, il se vante de la plus douce fraîcheur du monde et tient que son altération insatiable est une soif toute naturelle et suave.

Si vous désirez longuement, ardemment et avec inquiétude les biens que vous n'avez pas, vous avez beau dire que vous ne les voulez pas avoir injustement, car pour cela vous ne laisserez pas d'être vraiment avare. [...] Attendez, chère Philothée, de désirer le bien du prochain quand il commencera a désirer de s'en défaire : car lors son désir rendra le vôtre non seulement juste, mais charitable : oui, car je veux bien que vous ayez soin

---

35. *Cf.* Ex 3, 2.

d'accroître vos moyens et facultés, pourvu que ce soit non seulement justement, mais doucement et charitablement.

Si vous affectionnez fort les biens que vous avez, si vous en êtes fort embesognée, mettant votre cœur en iceux, y attachant vos pensées et craignant d'une crainte vive et empressée de les perdre, croyez-moi, vous avez encore quelque sorte de fièvre ; car les fébricitants boivent l'eau qu'on leur donne avec un certain empressement, avec une sorte d'attention et d'aise que ceux qui sont sains n'ont point accoutumé d'avoir : il n'est pas possible de se plaire beaucoup en une chose, que l'on n'y mette beaucoup d'affection. S'il vous arrive de perdre des biens, et vous sentez que votre cœur s'en désole et afflige beaucoup, croyez, Philothée, que vous y avez beaucoup d'affection ; car rien ne témoigne tant d'affection à la chose perdue que l'affliction de la perte.

Ne désirez donc point d'un désir entier et formé le bien que vous n'avez pas ; ne mettez point fort avant votre cœur en celui que vous avez ; ne vous désolez point des pertes qui vous arriveront, et vous aurez quelque sujet de croire qu'étant riche en effet vous ne l'êtes point d'affection, mais que vous êtes pauvre d'esprit et par conséquent bienheureuse, *car le Royaume des cieux vous appartient*[36].

Introduction à la vie dévote, III, 14

3. 2. 2. Nos richesses ne nous appartiennent pas ; le vrai détachement

Chère Philothée, je voudrais mettre en votre cœur la richesse et la pauvreté tout ensemble, un grand soin et un grand mépris des choses temporelles.

Ayez beaucoup plus de soin de rendre vos biens utiles et fructueux que les mondains n'en ont pas. [...] Les possessions

---

36. Mt 5, 3.

que nous avons ne sont pas nôtres : Dieu les nous a données à cultiver et veut que nous les rendions fructueuses et utiles, et partant nous lui faisons service agréable d'en avoir soin. Mais il faut donc que ce soit un soin plus grand et solide que celui que les mondains ont de leurs biens, car ils ne s'embesognent que pour l'amour d'eux mêmes, et nous devons travailler pour l'amour de Dieu : or, comme l'amour de soi même est un amour violent, turbulent, empressé, aussi le soin qu'on a pour lui est plein de trouble, de chagrin, d'inquiétude ; et comme l'amour de Dieu est doux, paisible et tranquille, aussi le soin qui en procède, quoique ce soit pour les biens du monde, est amiable, doux et gracieux. Ayons donc ce soin gracieux de la conservation, voire de l'accroissement de nos biens temporels, lors que quelque juste occasion s'en présentera et en tant que notre condition le requiert, car Dieu veut que nous fassions ainsi pour son amour. Mais prenez garde que l'amour-propre ne vous trompe, car quelquefois il contrefait si bien l'amour de Dieu qu'on dirait que c'est lui : or, pour empêcher qu'il ne vous déçoive, et que ce soin des biens temporels ne se convertisse en avarice, outre ce que j'ai dit au chapitre précédent, il nous faut pratiquer bien souvent la pauvreté réelle et effective, dans toutes les facultés et richesses que Dieu nous a données.

Quittez donc toujours quelque partie de vos moyens en les donnant aux pauvres de bon cœur. [...] Aimez les pauvres et la pauvreté, car par cet amour vous deviendrez vraiment pauvre. [...] Si donc vous aimez les pauvres, vous serez vraiment participante de leur pauvreté, et pauvre comme eux. Or, si vous aimez les pauvres, mettez-vous souvent parmi eux : prenez plaisir à les voir chez vous et à les visiter chez eux ; conversez volontiers avec eux ; soyez bien aise qu'ils vous approchent aux églises, aux rues et ailleurs. Soyez pauvre de langue avec eux, leur parlant comme leur compagnon ; mais soyez riche des mains, leur départant de vos biens comme plus abondante.

Voulez-vous faire encore davantage, ma Philothée ? ne vous contentez pas d'être pauvre comme les pauvres, mais soyez plus pauvre que les pauvres. Et comment cela ? *Le serviteur est moindre que son maître*[37] : rendez-vous donc servante des pauvres ; allez les servir dans leurs lit quand ils sont malades, je dis de vos propres mains ; soyez leur cuisinière, et à vos propres dépens ; soyez leur lingère et blanchisseuse. […]

Bienheureux sont ceux qui sont ainsi pauvres, car à eux appartient le Royaume des cieux[38]. *J'ai eu faim, vous m'avez repu, j'ai eu froid, vous m'avez revêtu* : *possédez le Royaume qui vous a été préparé dès la constitution du monde*[39], dira le Roi des pauvres et des rois en son grand jugement.

Il n'est celui qui en quelque occasion n'ait quelque manquement et défaut de commodités. Il arrive quelquefois chez nous un hôte que nous voudrions et devrions bien traiter, il n'y a pas moyen pour l'heure ; on a ses beaux habits en un lieu, on en aurait besoin en un autre où il serait requis de paraître ; il arrive que tous les vins de la cave se poussent et tournent, il n'en reste plus que les mauvais et verts ; on se trouve aux champs dans quelque bicoque où tout manque : on n'a lit, ni chambre, ni table, ni service. Enfin, il est facile d'avoir souvent besoin de quelque chose, pour riche qu'on soit ; or, cela, c'est être pauvre en effet de ce qui nous manque. Philothéee, soyez bien aise de ces rencontres, acceptez-les de bon cœur, souffrez-les gaiement.

Quand il vous arrivera des inconvénients qui vous appauvriront, ou de beaucoup ou de peu, comme font les tempêtes, les feux, les inondations, les stérilités, les larcins, les procès,

---

37. Jn 13, 16.
38. Mt 5, 3.
39. Mt 25, 34-36.

oh, c'est alors la vraie saison de pratiquer la pauvreté, recevant avec douceur ces diminutions de facultés, et s'accommodant patiemment et constamment a cet appauvrissement. […] Quand nos moyens nous tiennent au cœur, si la tempête, si le larron, si le chicaneur nous en arrache quelque partie, quelles plaintes, quels troubles, quelles impatiences en avons-nous ! Mais quand nos biens ne tiennent qu'au soin que Dieu veut que nous en ayons et non pas à notre cœur, si on nous les arrache, nous n'en perdrons pourtant pas le sens ni la tranquillité.

Introduction à la vie dévote, III, 15

3. 2. 3. La pauvreté quand on est dans l'indigence

Mais si vous êtes réellement pauvre, très chère Philothée, Ô Dieu, soyez-le encore d'esprit ; faites de nécessité vertu, et employez cette pierre précieuse de la pauvreté pour ce qu'elle vaut : son éclat n'est pas découvert en ce monde, mais si est-ce pourtant qu'il est extrêmement beau et riche. Ayez patience, vous êtes en bonne compagnie : Notre Seigneur, Notre-Dame, les Apôtres, tant de saints et de saintes ont été pauvres, et pouvant être riches ils ont méprisé de l'être. Combien y a-t-il de grands mondains qui, avec beaucoup de contradictions, sont allés rechercher avec un soin nonpareil la sainte pauvreté dedans les cloîtres et les hôpitaux ? Ils ont pris beaucoup de peine pour la trouver, témoin saint Alexis, sainte Paule, saint Paulin, sainte Angèle et tant d'autres ; et voilà, Philothée, que, plus gracieuse en votre endroit, elle se vient présenter chez vous ; vous l'avez rencontrée sans la chercher et sans peine : embrassez-la donc comme la chère amie de Jésus-Christ, qui naquit, vécu et mourut avec la pauvreté, qui fut sa nourrice toute sa vie.

Votre pauvreté, Philothée, a deux grands privilèges par le moyen desquels elle vous peut beaucoup faire mériter. Le premier est qu'elle ne vous est point arrivée par votre choix, mais par la seule volonté de Dieu, qui vous a faite pauvre sans qu'il y ait eu aucune concurrence de votre volonté propre. Or, ce que nous recevons purement de la volonté de Dieu lui est toujours très agréable, pourvu que nous le recevions de bon cœur et pour l'amour de sa sainte volonté : où il y a moins du nôtre il y a plus de Dieu. La simple et pure acceptation de la volonté de Dieu rend une souffrance extrêmement pure.

Le second privilège de cette pauvreté, c'est qu'elle est une pauvreté vraiment pauvre. Une pauvreté louée, caressée, estimée, secourue et assistée, elle tient de la richesse, elle n'est pour le moins pas du tout pauvre ; mais une pauvreté méprisée, rejetée, reprochée et abandonnée, elle est vraiment pauvre. Or, telle est pour l'ordinaire la pauvreté des séculiers, car parce qu'ils ne sont pas pauvres par leur élection, mais par nécessité, on n'en tient pas grand compte ; et en ce qu'on n'en tient pas grand compte, leur pauvreté est plus pauvre que celle des religieux, bien que celle-ci d'ailleurs ait une excellence fort grande et trop plus recommandable, à raison du vœu et de l'intention pour laquelle elle a été choisie.

Ne vous plaignez donc pas, ma chère Philothée, de votre pauvreté ; car on ne se plaint que de ce qui déplaît, et si la pauvreté vous déplaît vous n'êtes plus pauvre d'esprit, mais riche d'affection. Ne vous désolez point de n'être pas si bien secourue qu'il serait requis ; car en cela consiste l'excellence de la pauvreté. Vouloir être pauvre et n'en recevoir point d'incommodité, c'est une trop grande ambition ; car c'est vouloir l'honneur de la pauvreté et la commodité des richesses.

N'ayez point de honte d'être pauvre ni de demander l'aumône en charité ; recevez celle qui vous sera donnée avec humilité, et acceptez le refus avec douceur. Resouvenez-vous souvent du voyage que Notre-Dame fit en Égypte pour y porter son cher enfant, et combien de mépris, de pauvreté, de misère il lui convint supporter. Si vous vivez comme cela, vous serez très riche en votre pauvreté.

Introduction à la vie dévote, III, 16

3. 3. La pauvreté dévote

François de Sales s'adresse ici à des religieuses qui ont fait vœu de pauvreté, mais il nous est facile de transposer à toutes les formes de vie chrétienne les ressorts spirituels de ce dépouillement plus radical, parce que plus libre des contraintes liées aux responsabilités séculières. Pour vivre ce dépouillement, il y a ce qui dépend de notre choix : ne pas s'encombrer du superflu ; mais il y a aussi ce que les difficultés de la vie nous imposent : la pauvreté consiste alors à faire de nécessité vertu.

3. 3. 1. La pauvreté : se dépouiller du superflu

Les petites affections du tien et du mien sont des restes du monde, où il n'y a rien de si précieux que cela ; car c'est la souveraine félicité du monde d'avoir beaucoup de choses propres et de quoi on puisse dire : ceci est mien. Or, ce qui nous rend affectionnés à ce qui est nôtre, c'est la grande estime que nous faisons de nous-mêmes ; car nous nous tenons pour si excellents que, dès qu'une chose nous appartient, nous l'en estimons davantage, et le peu d'estime que nous faisons des autres fait que nous avons à contrecœur ce qui leur a servi ; mais si nous étions bien humbles et dépouillés de nous-mêmes, que nous nous tinssions pour un néant devant Dieu, nous ne ferions aucun état de ce qui nous serait propre, et nous estimerions extrêmement honorés d'être servis de ce qui aurait été à l'usage d'autrui. Mais il faut bien en ceci, comme en toute autre chose, faire différence entre les inclinations et affections ; car quand ces choses ne sont que des inclinations et non pas des affections, il ne s'en faut point mettre en peine, parce qu'il ne dépend pas de nous de n'avoir point de mauvaises inclinations, oui bien des affections. Si donc il arrive qu'en changeant la robe d'une sœur pour lui en donner une autre moindre, la partie inférieure s'émeuve un petit, cela n'est pas péché, pourvu qu'avec la raison elle l'accepte de bon cœur pour l'amour de Dieu ; et ainsi de tous les autres sentiments qui nous arrivent. Or ces mouvements arrivent parce que l'on n'a pas mis toutes ses volontés en commun, qui est pourtant une chose qui se doit faire entrant en religion ; car chaque sœur devrait laisser sa volonté propre hors la porte pour n'avoir que celle de Dieu.

[…] Les biens desquels il se faut dépouiller sont de trois sortes : les biens extérieurs, les biens du corps, les bien du cœur. Les biens extérieurs sont toutes les choses que nous avons laissées hors de la religion : les maisons, les possessions, les parents, amis et choses semblables.

[…] Les seconds biens sont ceux du corps : la beauté, la santé, et semblables choses qu'il faut renoncer ; et puis, il ne faut plus aller au miroir regarder si on est belle, ni se soucier non plus de la santé que de la maladie, au moins quant à la partie supérieure ; car la nature se ressent toujours, et crie quelquefois, spécialement quand l'on n'est pas bien parfait. L'on doit donc demeurer également content en la maladie et en la santé, et prendre les remèdes et les viandes comme elles se rencontrent ; j'entends toujours avec la raison, car quant aux inclinations, je ne m'en amuse point. Les biens du cœur sont les consolations et les douceurs qui se trouvent en la vie spirituelle ; ces biens-là sont fort bons. Et pourquoi, me direz-vous, s'en faut-il dépouiller ? Il le faut faire pourtant, et les remettre entre les mains de Notre Seigneur pour en disposer comme il lui plaira, et le servir sans elles comme avec elles.

Il y a une autre sorte de biens, qui ne sont ni intérieurs, ni extérieurs, qui ne sont ni biens du corps ni biens du cœur ; ce sont des biens imaginaires qui dépendent de l'opinion d'autrui : ils s'appellent l'honneur, l'estime, la réputation. Or, il s'en faut dépouiller tout à fait, et ne vouloir autre honneur que l'honneur de la Congrégation, qui est de chercher en tout la gloire de Dieu, ni autre estime ou réputation que celle de la communauté, qui est de donner bonne édification en toutes choses. Tous ces dépouillements et renoncements des choses susdites se doivent faire non par mépris, mais par abnégation, pour le seul et pur amour de Dieu.

Vrais entretiens spirituels, VIII, « De la désappropriation »

3. 3. 2. La pauvreté : se contenter de ce que l'on a

Vous demandez, ma chère fille, si pour pratiquer la sainte pauvreté il ne faut pas se tenir attentif à recevoir de bon cœur les petites disettes qui nous arrivent, tantôt en ceci, tantôt en cela. Je l'ai dit à Philothée ; à plus forte raison le doivent faire ceux qui en ont fait le vœu. C'est être pauvre bien agréablement, ou plutôt ce n'est pas être pauvre quand rien ne nous manque. C'est sans doute qu'il ne se faut pas plaindre de tels petits rencontres, car si nous nous en plaignons, c'est une marque que nous ne les aimons pas, et partant nous ne rendons pas notre devoir à la sainte pauvreté. Ce n'est pas être pauvre de n'avoir point d'argent quand nous n'en avons pas besoin et que rien ne nous manque. Notre glorieux Père saint Augustin dit dans vos règles que celui-là est plus heureux lequel n'a pas besoin de beaucoup, que celui qui a besoin de beaucoup de choses de quoi les autres se passent bien. Il y a certes des personnes qui sont toujours en nécessité, parce qu'ils ont besoin de tant de choses pour les contenter que c'est grande pitié ; et c'est ceux-ci qui sont pauvres, pourvu qu'ils ne se procurent pas tant de choses, parce qu'ils ont de la disette de ce qu'ils n'ont pas et qu'il semble qu'ils devraient avoir.

Ce que j'ai dit à Philothée est bon pour être pratiqué par les religieux. [...] Je l'incite donc de prendre amoureusement les occasions qu'elle rencontrera de pratiquer la pauvreté réelle. Si nous nous procurons d'être toujours bien pourvus de tout ce qui nous semble aucunement nécessaire, nous ne ressentirons point les effets de la sainte pauvreté. Quant à moi, je ne voudrais pas demander ce de quoi je me pourrais bien passer, pourvu qu'il n'apportât un notable détriment à la santé ; car pour avoir un peu de froid, pour porter une robe un peu trop courte ou qui n'est pas bien faite assez juste pour moi, je ne ferais nul état de cela. Mais si l'on me donnait des chausses qui fussent si étroites qu'il me fallut demeurer un demi quart d'heure à les chausser, j'en demanderais d'autres, plutôt que de perdre le temps là tous les matins ; mais pour porter quelque chose mal accommodée ou qui me blesserait un peu, je n'en voudrais rien dire. Or, quant à souffrir le froid, il faut avoir égard à ne pas souffrir des grandes froidures contraires à la santé ; il ne le faut pas faire.

J'ai dit en deux ou trois lieux de la France une chose que je m'en vais vous dire maintenant : c'est que pour parvenir à la perfection, il faut vouloir peu et ne demander rien. Il est vrai que c'est être bien pauvre que d'observer ceci ! Mais je vous assure que c'est un grand secret pour acquérir la perfection, et si caché néanmoins qu'il y a peu de personnes qui le sachent, ou s'ils le savent, qui en fassent leur profit. [...]

Sur le sujet de la pauvreté, j'ai dit qu'il est bon de souffrir quelque petite nécessité sans se plaindre ni désirer, encore moins demander, ce qui nous manque. Celles qui ne le voudront faire peuvent demander ce qu'elles auront besoin, d'autant que les Règles le permettent, et cela n'est pas contre la pauvreté ainsi que vous dites ; mais aussi n'est-il pas selon icelle ni selon la perfection à laquelle vous êtes obligées de prétendre. En demandant vos commodités vous ne faites pas mal, pourvu que vous ne vous rendiez trop exactes à la recherche d'icelles et que vous vous teniez toujours dans les termes de l'observance pour ce regard ; mais aussi perdez-vous par ce moyen les occasions de pratiquer les vertus qui sont fort propres à la condition de vie à laquelle Dieu vous a appelées.

Vrais entretiens spirituels, Appendice II D

Chapitre 4

Le dévot et ses relations :

un amour universel

L'amour tient le premier rang entre les passions de l'âme : c'est le roi de tous les mouvements du cœur, il convertit tout le reste à soi et nous rend tels que ce qu'il aime. Prenez donc bien garde, ma Philothée, de n'en point avoir de mauvais, car tout aussitôt, vous seriez toute mauvaise.

Introduction à la vie dévote, III, 17

L'amour « roi de tous les mouvements du cœur » : c'est l'oraison qui aura permis à ce roi d'entrer dans son royaume. Saint François de Sales va maintenant nous apprendre à le laisser gouverner, c'est-à-dire, nous dirait cette fois-ci saint Jean de la Croix, « à mettre nos amours à la raison », que ce soit dans la vie familiale, dans la vie en communauté, ou dans la vie sociale plus généralement.

4. 1. L'équilibre de l'amour

L'amour vise l'union de l'aimant et de l'aimé. À partir de là, il deviendra agissant, mais pour que ce déploiement soit harmonieux, encore faut-il que soit respectée la priorité du premier commandement, condition absolue d'un équilibre chrétien, ce qui se dit dans le Traité de l'amour de Dieu : « lier et assujettir nos passions et affections au dessein du service de Dieu ». Ou plus simplement encore : « ne point regarder à la condition extérieure des actions, mais à l'intérieure, c'est-à-dire si Dieu le veut ou ne le veut point[40]*». Moyennant quoi,*

---
40. Lettre à la présidente Brûlart, septembre 1606.

toute notre énergie, nos désirs, notre tempérament, loin de devoir être détruits, ou même réprimés, seront canalisés dans la construction d'une personnalité chrétienne, puisque « donnant une bonne fin à nos passions, elles prennent la qualité de vertus ». Encore une fois l'humanisme dévot est beaucoup plus efficace, et tellement plus agréable, que la vertu « à la philosophique » que François de Sales reprochait à la morale stoïcienne souvent prêchée de son temps.

Quand l'esprit divin veut exprimer un amour parfait, il emploie presque toujours les paroles d'union et de conjonction. *En la multitude des croyants*, dit saint Luc, *il n'y avait qu'un cœur et qu'une âme*[41]. Notre Seigneur pria son Père pour tous les fidèles, afin qu'ils fussent tous *une même chose*[42]. Saint Paul nous avertit que nous soyons soigneux de conserver l'unité d'esprit par l'union de la paix. Ces unités de cœur, d'âme et d'esprit, signifient la perfection de l'amour, qui joint plusieurs âmes en une ; ainsi est-il dit que *l'âme de Jonathas était collée à l'âme de David comme son âme propre*[43].

Traité de l'Amour de Dieu, I, 9

L'amour est la vie de notre cœur ; et comme le contrepoids donne le mouvement à toutes les pièces mobiles d'une horloge, aussi l'amour donne à l'âme tous les mouvements qu'elle a. Toutes nos affections suivent notre amour, et selon lui nous désirons, nous nous délectons, nous espérons et désespérons, nous craignons, nous nous encourageons, nous haïssons, nous fuyons, nous nous attristons, nous entrons en colère, nous triomphons.

[…] Quand donc le divin amour règne dans nos cœurs, il assujettit royalement tous les autres amours de la volonté, et par conséquent toutes ses affections, parce que naturellement elles suivent les amours ; puis il dompte l'amour sensuel, et le

---

41. Ac 4, 32.
42. Jn 7, 2.
43. Is 18, 1.

réduisant à son obéissance, il tire aussi après lui toutes les passions sensuelles. Car en somme, cette sacrée dilection est l'eau salutaire de laquelle Notre Seigneur disait : *Celui qui boira de l'eau que je lui donnerai, il n'aura jamais soif*[44]. Non vraiment, Théotime : qui aura l'amour de Dieu un peu abondamment, il n'aura plus ni désir, ni crainte, ni espérance, ni courage, ni joie que pour Dieu, et tous ses mouvements seront accoisés en ce seul amour céleste.

[…] Or, la façon avec laquelle l'amour divin doit subjuguer l'appétit sensuel est pareille à celle dont Jacob usa, quand pour bon présage et commencement de ce qui devait arriver par après, Ésaü sortant du ventre de sa mère, Jacob l'empoigna par le pied. […] Car ainsi l'amour divin voyant naître en nous quelque passion ou affection naturelle, il doit soudain la prendre par le pied et la ranger à son service. Mais qu'est-ce à dire la prendre par le pied ? C'est la lier et assujettir au dessein du service de Dieu. Ne voyez-vous pas comme Moïse transformait le serpent en baguette, le saisissant seulement par la queue ? Certes, de même, donnant une bonne fin à nos passions, elles prennent la qualité de vertus.

Traité de l'Amour de Dieu, XI, 20

4. 2. L'amitié, forme privilégiée de l'amour fraternel

Saint François de Sales aura vécu des amitiés d'une extrême richesse, l'amitié vraie n'étant chez lui possible qu'entre chrétiens. Inversement, l'amitié est nécessaire pour unir entre eux les chrétiens vivant dans un monde désormais sécularisé, constituant un réseau

---

44. Jn 4, 14.

ecclésial dans la société globale. Lorsqu'il définit ce qu'est l'amitié, François de Sales se réfère très directement à ce qu'en dit Aristote :

> L'amitié parfaite est celle des bons et de ceux qui se ressemblent par la vertu. C'est dans le même sens qu'ils se veulent mutuellement du bien, puisque c'est en tant qu'ils sont bons eux-mêmes ; or leur bonté leur est essentielle. Mais vouloir le bien de ses amis pour leur propre personne, c'est atteindre au sommet de l'amitié ; de tels sentiments traduisent le fond même de l'être et non un état accidentel. Une amitié de cette sorte subsiste tant que ceux qui la ressentent sont bons, or le propre de la vertu est d'être durable.
>
> Aristote, Éthique à Nicomaque, VIII, 3.

On comprend dès lors que la plus grande amitié soit celle de deux chrétiens, le bien qu'ils s'échangent alors étant Dieu lui-même :

> Selon la diversité des communications, l'amitié est aussi diverse, et les communications sont différentes selon la différence des biens qu'on s'entrecommunique ; si ce sont des biens faux et vains, l'amitié est fausse et vaine, si ce sont des vrais biens, l'amitié est vraie ; et plus excellents seront les biens, plus excellente sera l'amitié.
>
> [...] L'amitié fondée sur la communication des plaisirs sensuels est toute grossière et indigne du nom d'amitié, comme aussi celle qui est fondée sur des vertus frivoles et vaines, parce que ces vertus dépendent aussi des sens. [...] Aussi telles amitiés ne sont que passagères et fondent comme la neige au soleil.
>
> Introduction à la vie dévote, III, 17

> Ô Philothée, aimez un chacun d'un grand amour charitable, mais n'ayez point d'amitié qu'avec ceux qui peuvent faire échange avec vous de choses vertueuses ; et plus les vertus que vous mettrez en votre commerce seront exquises, plus votre amitié sera parfaite. Si vous communiquez par les

sciences, votre amitié est certes fort louable ; plus encore si vous communiquez par les vertus, en la prudence, discrétion, force et justice. Mais si votre mutuelle et réciproque communication se fait de la charité, de la dévotion, de la perfection chrétienne, ô Dieu, que votre amitié sera précieuse ! Elle sera excellente parce qu'elle vient de Dieu, excellente parce qu'elle tend à Dieu, excellente parce que son lien c'est Dieu, excellente parce qu'elle durera éternellement en Dieu. […]

Je ne parle pas ici de l'amour simple de charité, car il doit être porté à tous les hommes ; mais je parle de l'amitié spirituelle, par laquelle deux ou trois ou plusieurs âmes se communiquent leur dévotion, leurs affections spirituelles, et se rendent un seul esprit entre elles. […] Ne faites point d'amitié d'autre sorte ; je veux dire, des amitiés que vous faites, car il ne faut pas ni quitter ni mépriser pour cela les amitiés que la nature et les précédents devoirs vous obligent de cultiver, des parents, des alliés, des bienfaiteurs, des voisins et autres : je parle de celles que vous choisissez vous même.

Plusieurs vous diront peut-être qu'il ne faut avoir aucune sorte de particulière affection et amitié, d'autant que cela occupe le cœur, distrait l'esprit, engendre les envies : mais ils se trompent en leurs conseils ; car ils ont vu dans les écrits de plusieurs saints et dévots auteurs que les amitiés particulières et affections extraordinaires nuisent infiniment aux religieux ; ils pensent que c'en soit de même du reste du monde, mais il y a bien à dire. Car attendu qu'en un monastère bien réglé le dessein commun de tous tend à la vraie dévotion, il n'est pas requis d'y faire des particulières communications, de peur que cherchant en particulier ce qui est commun, on ne passe des particularités aux partialités. Mais quant à ceux qui sont entre les mondains et qui embrassent la vraie vertu, il leur est nécessaire de s'allier les uns aux autres par une sainte et sacrée amitié ; car par le moyen d'icelle ils s'animent, ils s'aident, ils s'entreportent au bien. Et comme ceux qui cheminent en la plaine n'ont pas besoin de se prêter la main, mais ceux qui sont ès chemins scabreux et glissants s'entretiennent l'un l'autre pour cheminer plus sûrement, ainsi ceux qui sont ès religions n'ont pas besoin des amitiés particulières, mais ceux qui sont au monde en ont nécessité pour s'assurer et secourir les uns les autres, parmi tant de mauvais passages qu'il leur faut franchir. Au monde, tous ne conspirent pas à même fin, tous n'ont pas le même esprit ; il faut donc sans doute se tirer à part et faire des amitiés selon notre prétention ; et cette particularité fait vraiment une partialité, mais une partialité sainte, qui ne fait aucune division sinon celle du bien et du mal, des brebis et des chèvres, des abeilles et des frelons, séparation nécessaire.

Certes, on ne saurait nier que Notre Seigneur n'aimât d'une plus douce et plus spéciale amitié saint Jean, le Lazare, Marthe, Magdeleine, car l'Écriture le témoigne. […] Saint Augustin témoigne que saint Ambroise aimait uniquement sainte Monique, pour les rares vertus qu'il voyait en elle, et qu'elle réciproquement le chérissait comme un ange de Dieu.

Mais j'ai tort de vous amuser en chose si claire. […] Saint Paul reprochant le détraquement des Gentils, les accuse d'avoir été gens *sans affection*[45], c'est-à-dire qui n'avaient aucune amitié. Et saint Thomas, comme tous les bons philosophes, confesse que l'amitié est une vertu : or, il parle de l'amitié particulière, puisque, comme il dit, la parfaite amitié ne peut s'étendre a beaucoup de personnes. La perfection donc ne consiste pas à n'avoir point d'amitié, mais à n'en avoir que de bonne, sainte et sacrée.

Introduction à la vie dévote, III, 19

⇨ Textes complémentaires 5. 6.

---

45. Rm 1, 31.

4. 3. La pratique de l'amour fraternel

Sur ce point comme souvent dans son œuvre, ce sont les questions posées à François de Sales par les sœurs de la Visitation qui lui permettront d'apporter des réponses qui vont au-delà de la seule vie consacrée : comment concilier l'universalité de la charité et les préférences naturelles que nous éprouvons pour certains ? Comment concilier l'amitié et la vie en communauté sans tomber dans le piège de la jalousie ? À chaque fois, la réponse salésienne sera : en aimant plus, jamais en aimant moins.

4. 3. 1. Dans la vie quotidienne

Notre Mère demande comment les sœurs se doivent aimer d'un amour cordial, sans user néanmoins de familiarités indécentes. […] Il faut que nous sachions que la cordialité n'est autre chose que l'essence de la vraie et sincère amitié, laquelle ne peut être qu'entre personnes raisonnables, et qui fomentent et nourrissent leurs amitiés par l'entremise de la raison. […] Ce que je dis pour montrer que les hommes font des amitiés par entre eux aucunes fois, lesquelles n'ayant pas une bonne fin, et ne se conduisant pas par la raison, ne méritent aucunement le nom d'amitiés.

Vrais entretiens spirituels, IV, « De la cordialité »

Il faut nous tenir en l'affection que nous devons avoir pour nos sœurs le plus également que nous pourrons, et toutes doivent savoir que nous les aimons de cet amour du cœur. […]
Pour avoir une inclination pour une plus que pour les autres, l'amour que nous lui portons n'en est pas plus parfait, mais peut être plus sujet à changement à la moindre petite chose qu'elle nous fera. Que si tant est qu'il soit vrai que nous ayons de l'inclination à en aimer une plutôt que l'autre, nous ne devons nous amuser à y penser, et encore moins à le

lui dire ; car nous ne devons pas aimer par inclination, mais aimer notre prochain, ou parce qu'il est vertueux, ou pour l'espérance que nous avons qu'il le deviendra, mais principalement parce que telle est la volonté de Dieu.

[…] Ce que j'ai dit que nous devons rendre notre amour si égal envers les sœurs, que nous en ayons autant pour les unes que pour les autres, cela veut dire autant que nous le pouvons ; car il n'est pas en notre pouvoir d'avoir autant de suavité en l'amour que nous avons pour celles à qui nous avons moins d'alliance et correspondance d'humeur, qu'avec les autres, avec lesquelles nous avons de la sympathie. Mais cela n'est rien ; l'amour de charité doit être général, et les signes et témoignages de notre amitié égaux, si nous voulons être vraies servantes de Dieu.

Vrais entretiens spirituels, IV, « De la cordialité »

[Saint Paul] nous apprend que de s'employer, voire de donner sa vie pour le prochain, n'est pas tant que de se laisser employer au gré des autres, ou par eux ou pour eux ; et ce fut ce qu'il avait appris de notre doux Sauveur sur la Croix. C'est à ce souverain degré de l'amour du prochain que les religieux et religieuses, et nous autres qui sommes consacrés au service de Dieu, sommes appelés ; car, ce n'est pas assez d'assister le prochain de nos commodités temporelles, ce n'est pas encore assez, dit saint Bernard, d'employer notre propre personne à souffrir pour cet amour : mais il faut passer plus avant, nous laissant employer pour lui par la très sainte obéissance, et par lui tout ainsi que l'on voudra, sans que jamais nous y résistions. Car quand nous nous employons nous-mêmes, et par le choix de notre propre volonté ou propre élection, cela donne toujours beaucoup de satisfaction à notre amour propre ; mais à nous laisser employer ès choses que l'on veut, et que nous ne voulons pas, c'est-à-dire que nous ne choisissons pas, c'est là où gît le souverain degré de l'abnégation. […] Oh, mieux vaut toujours, sans comparaison, ce que l'on nous fait faire (j'entends ce qui n'est pas contraire à Dieu et qui ne l'offense point) que ce que nous faisons ou choisissons à faire nous-mêmes.

Vrais entretiens spirituels, IV, « De la cordialité »

4. 3. 2. De l'amour de Dieu à l'amour du prochain

Comme la très sainte charité produit l'amour du prochain

Comme Dieu *créa l'homme à son image et ressemblance*[46], aussi a-t-il ordonné un amour pour l'homme à l'image et ressemblance de l'amour qui est dû à sa divinité. *Tu aimeras,* dit-il, *le Seigneur ton Dieu de tout ton cœur : c'est le premier et le plus grand commandement. Or, le second est semblable à icelui : Tu aimeras ton prochain comme toi-même*[47]. Pourquoi aimons-nous Dieu, Théotime ? La cause pour laquelle on aime Dieu, dit saint Bernard, c'est Dieu même[48] ; comme s'il disait que nous aimons Dieu parce qu'il est la très souveraine et très infinie bonté. Pourquoi nous aimons-nous nous-mêmes en charité ? Certes, c'est parce que nous sommes l'image et ressemblance de Dieu. Et puisque tous les hommes ont cette même dignité, nous les aimons aussi comme nous-mêmes, c'est-à-dire, en qualité de très saintes et vivantes images de la divinité ; car c'est en cette qualité-là, Théotime, que nous appartenons à Dieu d'une si étroite alliance et d'une si aimable dépendance, qu'il ne fait nulle difficulté de se dire notre Père, et nous nommer ses enfants ; c'est en cette qualité que nous sommes capables d'être unis à sa divine essence par la jouissance de sa souveraine bonté et félicité ; c'est en cette qualité

---

46. Gn 1, 26.
47. Mt 22, 37 *sq.*
48. *Sermon 83 sur le Cantique des cantiques.*

que nous recevons sa grâce, et que nos esprits sont associés au sien très saint, rendus, par manière de dire, participants de sa divine nature, comme dit saint Pierre[49]. Et c'est donc ainsi que la même charité qui produit les actes de l'amour de Dieu, produit en même temps ceux de l'amour du prochain. Et tout ainsi que Jacob vit qu'une même échelle touchait le ciel et la terre, servant également aux anges pour descendre comme pour monter, nous savons aussi qu'une même dilection s'étend à chérir Dieu et aimer le prochain, nous relevant à l'union de notre esprit avec Dieu, et nous ramenant à l'amoureuse société des prochains. En sorte toutefois que nous aimons le prochain en tant qu'il est à l'image et ressemblance de Dieu, créé pour communiquer avec la divine bonté, participer à sa grâce et jouir de sa gloire.

Théotime, aimer le prochain par charité, c'est aimer Dieu en l'homme, ou l'homme en Dieu ; c'est chérir Dieu seul pour l'amour de lui-même, et la créature pour l'amour d'icelui.

[...] Hé ! vrai Dieu, Théotime, quand nous voyons un prochain créé à l'image et ressemblance de Dieu, ne devrions-nous pas dire les uns aux autres : « Tenez, voyez cette créature comme elle ressemble au Créateur ? » Ne devrions-nous pas nous jeter sur son visage, la caresser et pleurer d'amour pour elle ? Ne devrions-nous pas lui donner mille et mille bénédictions ? Et quoi donc, pour l'amour d'elle ? Non certes, car nous ne savons pas si elle est digne d'amour ou de haine en elle-même. Et pourquoi donc, ô Théotime ? Pour l'amour de Dieu, qui l'a formée à son image et ressemblance, et par conséquent rendue capable de participer à sa bonté, en la grâce et en la gloire ; pour l'amour de Dieu, dis-je, de qui elle est, à qui elle est, par qui elle est, en qui elle est, pour qui elle est, et parce qu'elle lui ressemble d'une façon toute particulière. Et c'est pourquoi, non seulement le divin amour commande

---

49. II P 1, 4.

maintes fois l'amour du prochain, mais il le produit et répand lui-même dans le cœur humain, comme sa ressemblance et son image ; puisque tout ainsi que l'homme est l'image de Dieu, de même l'amour sacré de l'homme envers l'homme est la vraie image de l'amour céleste de l'homme envers Dieu.

Traité de l'Amour de Dieu, X, 11

4. 3. 3. L'art de supporter son prochain

Vous demandez comment il faut aimer les créatures. Je vous dis brièvement qu'il y a certains amours qui semblent extrêmement grands et parfaits aux yeux des créatures, qui devant Dieu se trouveront petits et de nulle valeur, parce que ces amitiés ne sont point fondées en la vraie charité, qui est Dieu, mais seulement en certaines alliances et inclinations naturelles, et sur quelques considérations humainement louables et agréables. Au contraire, il y en a d'autres qui semblent extrêmement minces et vides aux yeux du monde, qui devant Dieu se trouveront pleines et fort excellentes, parce qu'elles se font seulement en Dieu et pour Dieu, sans mélange de notre propre intérêt. Or, les actes de charité qui se font autour de ceux que nous aimons de cette sorte sont mille fois plus parfaits, d'autant que tout tend purement à Dieu ; mais les services et autres assistances que nous faisons à ceux que nous aimons par inclination sont beaucoup moindres en mérite, à cause de la grande complaisance et satisfaction que nous avons à les faire, et que, pour l'ordinaire, nous les faisons plus par ce mouvement que par l'amour de Dieu. Il y a encore une autre raison qui rend ces premières amitiés dont nous avons parlé moindres que les secondes : c'est qu'elles ne sont pas de durée, parce que la cause en étant frêle, dès qu'il arrive quelque traverse, elles se refroidissent et altèrent ; ce qui n'arrive pas à celles qui sont fondées en Dieu, parce que la cause en est solide et permanente.

À ce propos, sainte Catherine de Sienne fait une belle comparaison[50]. Si vous prenez, dit-elle, un verre et que vous l'emplissiez dans une fontaine, et que vous buviez dans ce verre sans le sortir de la fontaine, encore que vous buviez tant que vous voudrez, le verre ne se videra point ; mais si vous le tirez hors de la fontaine, quand vous aurez bu, le verre sera vide. Ainsi en est-il des amitiés ; quand l'on ne les tire point de leur source elles ne tarissent jamais. Les caresses mêmes et signes d'amitié que nous faisons contre notre propre inclination aux personnes auxquelles nous avons de l'aversion, sont meilleures et plus agréables à Dieu que celles que nous faisons attirés de l'affection sensitive. Et cela ne se doit point appeler duplicité ou simulation, car bien que j'aie un sentiment contraire, il n'est qu'en la partie inférieure, et les actes que je fais, c'est avec la force de la raison, qui est la partie principale de mon âme. De manière que quand ceux auxquels je fais ces caresses sauraient que je les leur fais parce que je leur ai de l'aversion, ils ne s'en devraient point offenser, mais les estimer et chérir davantage que si elles partaient d'une affection sensible ; car les aversions sont naturelles, et d'elles-mêmes ne sont pas mauvaises quand nous ne les suivons pas ; au contraire, c'est un moyen de pratiquer mille sortes de bonnes vertus, et Notre Seigneur même nous a plus à gré quand avec une extrême répugnance nous lui allons baiser les pieds, que si nous y allions avec beaucoup de suavité. Ainsi ceux qui n'ont rien d'aimable sont bienheureux, car ils sont assurés que l'amour que l'on leur porte est excellent, puisqu'il est tout en Dieu.

Souvent nous pensons aimer une personne pour Dieu, et nous l'aimons pour nous-mêmes ; nous nous servons de ce prétexte, et disons que c'est pour cela que nous l'aimons,

---

50. Dans son *Dialogue 64*.

mais en vérité nous l'aimons pour la consolation que nous en avons : car n'y a-t-il pas plus de suavité de voir venir à vous une âme pleine de bonne affection, qui suit extrêmement bien vos conseils et qui va fidèlement et tranquillement dans le chemin que vous lui avez marqué, que d'en voir une autre toute inquiétée, embarrassée et faible à suivre le bien, et à qui il faut dire mille fois une même chose ? Sans doute vous aurez plus de suavité. Ce n'est donc pas pour Dieu que vous l'aimez, car cette dernière personne est aussi bien à Dieu que la première, et vous la devriez davantage aimer, car il y a davantage à faire pour Dieu.

Vrais entretiens spirituels, VIII, « De la désappropriation »

4. 3. 4. La charité dans les conversations

Le médisant, par un seul coup de sa langue fait ordinairement trois meurtres : il tue son âme et celle de celui qui l'écoute d'un homicide spirituel, et ôte la vie à celui duquel il médit ; car, comme disait saint Bernard[51], et celui qui médit et celui qui écoute le médisant, tous deux ont le diable sur eux, mais l'un l'a en la langue et l'autre en l'oreille. David dit en parlant des médisants : *Ils ont affilé leurs langues comme un serpent*[52]. Or, le serpent a la langue fourchue et à deux pointes, comme dit Aristote[53] : et telle est celle du médisant, qui d'un seul coup pique et empoisonne l'oreille de l'écoutant et la réputation de celui de qui elle parle.

Je vous conjure donc, très chère Philothée, de ne jamais médire de personne, ni directement ni indirectement : gardez-vous d'imposer des faux crimes et péchés au prochain, ni de découvrir ceux qui sont secrets, ni d'agrandir ceux qui sont

---

51. *Sermon 24 sur le Cantique des Cantiques.*
52. Ps 139, 3.
53. *De l'histoire des animaux*, I, 11.

manifestes, ni d'interpréter en mal la bonne œuvre, ni de nier le bien que vous savez être en quelqu'un, ni le dissimuler malicieusement, ni le diminuer par paroles, car en toutes ces façons vous offenseriez grandement Dieu, mais surtout en accusant faussement et niant la vérité au préjudice du prochain ; car c'est double péché de mentir et nuire tout ensemble au prochain.

Ceux qui pour médire font des préfaces d'honneur ou qui disent de petites gentillesses et moqueries entre deux, sont les plus fins et vénéneux médisants de tous. Je proteste, disent-ils, que je l'aime et que, au reste, c'est un galant homme ; mais cependant il faut dire la vérité, il eut tort de faire une telle perfidie ; c'est une fort vertueuse fille, mais elle fut surprise, et semblables petits agencements. Ne voyez-vous pas l'artifice ? Celui qui veut tirer à l'arc tire tant qu'il peut la flèche à soi, mais ce n'est que pour la darder plus puissamment : il semble que ceux-ci retirent leur médisance à eux, mais ce n'est que pour la décocher plus fermement, afin qu'elle pénètre plus avant dans les cœurs des écoutants.

La médisance dite par forme de moquerie est encore plus cruelle que toutes ; car, comme la ciguë n'est pas de soi un venin fort violent, mais assez lent et auquel on peut aisément remédier, mais étant pris avec le vin il est irrémédiable, ainsi la médisance qui de soi passerait légèrement par une oreille et sortirait par l'autre, comme l'on dit, s'arrête fermement en la cervelle des écoutants quand elle est présentée dans quelque mot subtil et joyeux. *Ils ont*, dit David, *le venin de l'aspic en leurs lèvres*[54]. L'aspic fait sa piqûre presque imperceptible, et son venin d'abord rend une démangeaison délectable, au moyen de quoi le cœur et les entrailles se dilatent et reçoivent le poison, contre lequel par après il n'y a plus de remède.

Introduction à la vie dévote, III, 29

Que votre langage soit doux, franc, sincère, rond, naïf et fidèle. Gardez-vous des duplicités, artifices et feintises ; bien

---

54. Ps 13, 3 ; 139, 3.

qu'il ne soit pas bon de dire toujours toutes sortes de vérités, aussi n'est-il jamais permis de contrevenir à la vérité. […] Il n'y a nulle si bonne et désirable finesse que la simplicité. Les prudences mondaines et artifices charnels appartiennent aux enfants de ce siècle ; mais les enfants de Dieu cheminent sans détour et ont le cœur sans replis. *Qui chemine simplement,* dit le Sage, *chemine avec confiance*[55]. Le mensonge, la duplicité, la simulation témoignent toujours un esprit faible et vil.

[…] Quand il importe de contredire quelqu'un et d'opposer son opinion à celle d'un autre, il faut user de grande douceur et dextérité, sans vouloir violenter l'esprit d'autrui, car aussi bien ne gagne-t-on rien en prenant les choses âprement. Le parler peu, tant recommandé par les anciens sages, ne s'entend pas qu'il faille dire peu de paroles, mais de n'en dire pas beaucoup d'inutiles ; car en matière de parler, on ne regarde pas à la quantité, mais à la qualité. Et il me semble qu'il faut fuir les deux extrêmes : car de faire trop l'entendu et le sévère, refusant de contribuer aux propos familiers qui se font dans les conversations, il semble qu'il y ait ou manquement de confiance, ou quelque sorte de dédain ; mais aussi de babiller et bavarder toujours, sans donner ni loisir ni commodité aux autres de parler à souhait, cela tient du frivole et du léger.

Introduction à la vie dévote, III, 30

---

55. Pr 10, 9.

4. 3. 5. L'équilibre de la charité

Je vous conseille de prendre quelquefois la peine de visiter les hôpitaux, consoler les malades, considérer leurs infirmités, attendrir votre cœur sur elles et prier pour eux en leur faisant quelque assistance. Mais en tout ceci prenez garde soigneusement que monsieur votre mari, vos domestiques et messieurs vos parents ne soient point offensés par de trop longs séjours aux églises, de trop grandes retraites et un trop grand délaissement du soin de votre ménage ; ou, comme il arrive quelquefois, que vous ne soyez trop pointilleuse à surveiller les actions d'autrui, ou trop dédaigneuse des conversations où les règles de dévotion ne sont pas si exactement observées ; car en tout cela il faut que la charité domine et nous éclaire, pour nous faire condescendre aux volontés du prochain en ce qui ne sera point contraire aux commandements de Dieu.

Vous ne devez pas seulement être dévote et aimer la dévotion, mais vous la devez rendre aimable à un chacun. Or, vous la rendrez aimable si vous la rendez utile et agréable. Les malades aimeront votre dévotion s'ils en sont charitablement consolés ; votre famille, si elle vous reconnaît plus soigneuse de son bien, plus douce aux occurrences des affaires, plus aimable à reprendre, et ainsi du reste ; monsieur votre mari, s'il voit qu'à mesure que votre dévotion croît, vous êtes plus cordiale en son endroit et plus suave en l'affection que vous lui portez ; messieurs vos parents et amis, s'ils reconnaissent en vous plus de franchise, de patience, de condescendance à leurs volontés qui ne seront pas contraires à celle de Dieu. Bref, il faut, tant qu'il est possible, rendre notre dévotion attrayante.

Lettre à la présidente Brûlart, 3 mai 1604

Conclusion : aimer du cœur du Christ

Entendons et imitons le divin Sauveur, qui chante les souverains traits de son amour sur l'arbre de la Croix ; il les conclut tous ainsi : *Mon Père, je remets et recommande mon esprit entre vos mains*[56]. Après que nous aurons dit cela, mes très chères filles, que reste-t-il sinon d'expirer et mourir de la mort de l'amour, ne vivant plus à nous-mêmes, mais Jésus-Christ vivant en nous ? […] Alors nous serons toutes détrempées en douceur et suavité envers nos sœurs et les autres prochains, car nous verrons ces âmes-là dans la poitrine du Sauveur. Hélas ! qui regarde le prochain hors de là, il court fortune de ne l'aimer ni purement, ni constamment, ni également ; mais là, qui ne l'aimerait, qui ne le supporterait, qui ne souffrirait ses imperfections, qui le trouverait de mauvaise grâce, qui le trouverait ennuyeux ? Or, il y est ce prochain, mes très chères filles, dans la poitrine du Sauveur ; il est là comme très aimé et tant aimable que l'Amant meurt d'amour pour lui. Alors encore, l'amour naturel du sang, des convenances, des bienséances, des correspondances, des sympathies, des grâces sera purifié et réduit à la parfaite obéissance de l'amour tout pur du bon plaisir divin ; et certes, le grand bien et le grand bonheur des âmes qui aspirent à la perfection serait de n'avoir nul désir d'être aimées des créatures, sinon de cet amour de charité qui nous fait affectionner le prochain et chacun en son rang, selon le désir de Notre Seigneur.

Vrais entretiens spirituels, XII, « De la simplicité »

---

56. Lc 23, 46.

Chapitre 5

Le dévot en son ménage :

l'agréable vertu de chasteté

Saint François de Sales est à peu près le seul auteur classique qui ait traité pour elle-même la question de la vie conjugale. Il le fait en des termes qui annoncent l'enseignement moderne de l'Église sur le mariage et la famille, sans esquiver les questions aujourd'hui brûlantes de l'équilibre entre la « communauté de vie et d'amour » qu'est un foyer chrétien (Vatican II), et sa finalité procréative.

5. 1. Amour ou amourettes ?

S'il n'y avait nulle autre communication au mariage que celle des voluptés charnelles, il n'y aurait non plus nulle amitié ; mais parce qu'outre celle-là, il y a en lui la communication de la vie, de l'industrie, des biens, des affections et d'une indissoluble fidélité, l'amitié du mariage est une vraie amitié, et sainte.

L'amitié fondée sur la communication des plaisirs sensuels est toute grossière, et indigne du nom d'amitié, comme aussi celle qui est fondée sur des vertus frivoles et vaines, parce que ces vertus dépendent aussi des sens. J'appelle plaisirs sensuels ceux qui s'attachent immédiatement et principalement aux sens extérieurs, comme le plaisir de voir la beauté, d'ouïr une douce voix, de toucher et semblables. J'appelle vertus frivoles certaines habiletés et qualités vaines que les faibles esprits appellent vertus et perfections. Oyez parler la plupart des filles, des femmes et des jeunes gens, ils ne se feindront nullement de dire : un tel gentilhomme est fort vertueux, il a beaucoup de perfections, car il danse bien, il joue bien à toutes sortes de jeux, il s'habille bien, il chante bien, il cajole bien, il a bonne mine ; et les charlatans tiennent pour les plus vertueux d'entre eux ceux qui sont les plus grands bouffons. Or, comme tout cela regarde les sens, aussi les amitiés qui en proviennent s'appellent sensuelles, vaines et frivoles, et méritent plutôt le nom de folâtrerie que d'amitié. Ce sont ordinairement les amitiés des jeunes gens, qui se tiennent aux moustaches, aux cheveux, aux œillades, aux habits, à la morgue, à la babillerie ; amitiés dignes de l'âge des amants qui n'ont encore aucune vertu qu'en bourre ni nul jugement qu'en bouton ; aussi telles amitiés ne sont que passagères et fondent comme la neige au soleil.

Quand ces amitiés folâtres se pratiquent entre gens de divers sexe, et sans prétention du mariage, elles s'appellent amourettes, car n'étant que certains avortons, ou plutôt fantômes d'amitié, elles ne peuvent porter le nom ni d'amitié, ni d'amour, pour leur incomparable vanité et imperfection. Or, par icelles, les cœurs des hommes et des femmes demeurent pris et engagés et entrelacés les uns avec les autres en vaines et folles affections, fondées sur ces frivoles communications et chétifs agréments desquels je viens de parler. […]

Ces amitiés sont toutes mauvaises, folles et vaines : mauvaises, d'autant qu'elles aboutissent et se terminent en fin au péché de la chair, et qu'elles dérobent l'amour et par conséquent le cœur à Dieu, à la femme et au mari, à qui il était dû ; folles, parce qu'elles n'ont ni fondement ni raison ;

vaines, parce qu'elles ne rendent aucun profit, ni honneur, ni contentement. […]

Ô Dieu, quel aveuglement est celui-ci, de jouer ainsi a crédit sur des gages si frivoles la principale pièce de notre âme ! Oui, Philothée, car Dieu ne veut l'homme que pour l'âme, ni l'âme que pour la volonté, ni la volonté que pour l'amour. Hélas, nous n'avons pas d'amour à beaucoup près de ce que nous avons besoin ; je veux dire, il s'en faut infiniment que nous en ayons assez pour aimer Dieu, et cependant, misérables que nous sommes, nous le prodiguons et épanchons en choses sottes et vaines et frivoles, comme si nous en avions de reste.

Introduction à la vie dévote, III, 17-18

5. 2. Aimer dans le mariage

5. 2. 1. Qu'est-ce que l'amour conjugal ?

Le mariage est *un grand sacrement, je dis en Jésus Christ et en son Église*[57] ; il est *honorable à tous*[58], en tous et en tout, c'est-à-dire en toutes ses parties. À tous, car les vierges mêmes le doivent honorer avec humilité ; en tous, car il est également saint entre les pauvres comme entre les riches ; en tout, car son origine, sa fin, ses utilités, sa forme et sa matière sont saintes. C'est la pépinière du christianisme, qui remplit la terre de fidèles pour accomplir au ciel le nombre des élus ; si bien que la conservation du bien du mariage est extrêmement importante à la république, car c'est sa racine et la source de tous ses ruisseaux. […]

J'exhorte surtout les mariés à l'amour mutuel que le Saint-Esprit leur recommande tant en l'Écriture. Ô mariés, ce n'est

---

57. Ep 5, 32.
58. Hb 13, 4.

rien de dire : Aimez-vous l'un l'autre de l'amour naturel, car les paires de tourterelles font bien cela ; ni de dire : Aimez-vous d'un amour humain, car les païens ont bien pratiqué cet amour-là ; mais je vous dis, après le grand Apôtre : *Maris, aimez vos femmes comme Jésus-Christ aime son Église*[59] ; ô femmes, aimez vos maris comme l'Église aime son Sauveur. Ce fut Dieu qui amena Ève a notre premier père Adam et la lui donna à femme : c'est aussi Dieu, mes amis, qui de sa main invisible a fait le nœud du sacré lien de votre mariage, et qui vous a donné les uns aux autres ; pourquoi ne vous chérissez vous d'un amour tout saint, tout sacré, tout divin ?

Le premier effet de cet amour, c'est l'union indissoluble de vos cœurs. Si on colle deux pièces de sapin ensemble, pourvu que la colle soit fine, l'union en sera si forte qu'on fendrait beaucoup plus tôt les pièces ès autres endroits, qu'en l'endroit de leur conjonction ; mais Dieu conjoint le mari à la femme en son propre sang, c'est pourquoi cette union est si forte que plutôt l'âme se doit séparer du corps de l'un et de l'autre, que non pas le mari de la femme. Or cette union ne s'entend pas principalement du corps, mais du cœur, de l'affection et de l'amour.

Le second effet de cet amour doit être la fidélité inviolable de l'un à l'autre. Les cachets étaient anciennement gravés ès anneaux que l'on portait aux doigts, comme même l'Écriture Sainte témoigne ; voici donc le secret de la cérémonie que l'on fait ès noces : l'Église, par la main du prêtre, bénit un anneau, et le donnant premièrement à l'homme, témoigne qu'elle scelle et cachette son cœur par ce sacrement, afin que jamais plus ni le nom ni l'amour d'aucune autre femme ne puisse entrer en icelui, tandis que vivra celle qui lui a été donnée ; puis, l'époux remet l'anneau en la main de la même épouse, afin que réciproquement elle sache que jamais son cœur ne doit

---

59. Ep 5, 25.

recevoir de l'affection pour aucun autre homme, tandis que vivra sur terre celui que Notre Seigneur vient de lui donner.

Le troisième fruit du mariage, c'est la production et légitime nourriture des enfants. Ce vous est grand honneur, ô mariés, que Dieu voulant multiplier les âmes qui le puissent bénir et louer en toute éternité, il vous rende les coopérateurs d'une si digne besogne par la production des corps dans lesquels il répand, comme gouttes célestes, les âmes en les créant, comme il les crée en les infusant dedans les corps.

Introduction à la vie dévote, III, 28

5. 2. 2. Les fondements d'une vie chaste

Il n'est jamais permis de tirer aucun impudique plaisir de nos corps, en quelque façon que ce soit, sinon en un légitime mariage, dont la sainteté peut, par une juste compensation, réparer la perte que l'on reçoit en la délectation. Et encore au mariage faut-il observer l'honnêteté de l'intention, afin que s'il y a quelque indécence en la volupté qu'on exerce, il n'y ait rien que d'honnête en la volonté qui l'exerce. Le cœur chaste est comme la mère perle qui ne peut recevoir aucune goutte d'eau qui ne vienne du ciel, car il ne peut recevoir aucun plaisir que celui du mariage, qui est ordonné du ciel ; hors de là, il ne lui est pas permis seulement d'y penser, d'une pensée voluptueuse, volontaire et entretenue.

Pour le premier degré de cette vertu, gardez-vous, Philothée, d'admettre aucune sorte de volupté qui soit prohibée et défendue, comme sont toutes celles qui se prennent hors du mariage, ou même dans le mariage quand elles se prennent contre la règle du mariage. Pour le second, retranchez-vous tant qu'il vous sera possible des délectations inutiles et superflues, quoique licites et permises. Pour le troisième, n'attachez point votre affection aux plaisirs et voluptés qui sont commandées et ordonnées ; car bien qu'il faille pratiquer les délectations nécessaires, c'est-à-dire celles qui regardent la fin et l'institution du saint mariage, il ne faut pas pour autant y jamais attacher le cœur et l'esprit.

Introduction à la vie dévote, III, 12

5. 2. 3. « De l'honnêteté du lit nuptial »

Tel est le titre donné par François de Sales à ce chapitre aussi précis que spirituel (dans tous les sens du mot) sur l'exercice de la vie conjugale. Si notre époque se signale par la liberté des mœurs et la fragilité des foyers, la correspondance du saint évêque suffirait à nous convaincre que la sienne n'avait pas grand chose à lui envier en la matière. Quatre siècles plus tard, ces lignes n'ont pas pris une ride, et n'hésitent pas à fouiller avec pudeur dans les derniers recoins de nos difficultés à être chastes.

Le lit nuptial doit être *immaculé*, comme l'Apôtre l'appelle[60], c'est a dire exempt d'impudicités et autres souillures profanes. Aussi le saint mariage fut premièrement institué dedans le paradis terrestre, où jamais, jusqu'alors, il n'y avait eu aucun dérèglement de la concupiscence, ni chose déshonnête.

Il y a quelque ressemblance entre les voluptés honteuses[61] et celles du manger, car toutes deux regardent la chair, bien que les premières, à raison de leur véhémence brutale, s'appellent simplement charnelles. J'expliquerai donc ce que je ne puis pas dire des unes, par ce que je dirai des autres.

1. Le manger est ordonné pour conserver les personnes : or, comme manger simplement pour nourrir et conserver la personne est une bonne chose, sainte et commandée, aussi ce qui est requis au mariage pour la production des enfants et

---

60. Hb 13, 4.
61. *Honteux*, à l'époque de saint François de Sales, n'avait pas la connotation très négative que le mot a pris depuis, mais indique essentiellement ce que la pudeur nous oblige à cacher. C'est ainsi que les *pauvres honteux* sont « les pauvres qui n'osent demander l'aumône publiquement » (*Dictionnaire de l'Académie*, 1694).

la multiplication des personnes est une bonne chose, et très sainte, car c'est la fin principale des noces.

2. Manger, non point pour conserver la vie mais pour conserver la mutuelle conversation et condescendance que nous nous devons les uns aux autres, c'est chose grandement juste et honnête : et de même, la réciproque et légitime satisfaction des époux au saint mariage est appelée par saint Paul *devoir* ; mais devoir si grand, qu'il ne veut pas que l'une des parties s'en puisse exempter sans le libre et volontaire consentement de l'autre, non pas même pour les exercices de la dévotion[62], qui m'a fait dire le mot que j'ai mis au chapitre de la sainte communion pour ce regard[63] ; combien moins donc peut-on s'en exempter pour des capricieuses prétentions de vertu ou pour les colères et dédains.

3. Comme ceux qui mangent pour le devoir de la mutuelle conversation doivent manger librement et non comme par force, et de plus s'essayer de témoigner de l'appétit, aussi le devoir nuptial doit être toujours rendu fidèlement, franchement, et tout de même comme si c'était avec espérance de la production des enfants, encore que pour quelque occasion on n'eût pas telle espérance[64].

4. Manger non point pour les deux premières raisons, mais simplement pour contenter l'appétit, c'est chose supportable, mais non pas pourtant louable ; car le simple plaisir

---

62. *Cf.* I Co 7, 3-5.
63. Conformément à l'habitude de l'époque, François de Sales recommande « par décence » de s'abstenir de demander, mais non de concéder, l'accomplissement du devoir conjugal le jour où l'on aura communié (*Introduction*, II, 20).
64. À partir d'ici, François de Sales annonce exactement le cœur de l'encyclique *Humanae vitae*, qui domine l'enseignement contemporain de l'Église sur la vie conjugale : pour être bonne, l'union des époux ne doit pas nécessairement viser la procréation, mais elle ne s'en inscrit pas moins dans un acte qui lui est structurellement destiné, si bien qu'il y aurait de la malice à empêcher celle-ci. Une chose est de laisser une porte ouverte lorsque l'on sait que personne n'entrera (cas de deux époux qui s'unissent en période d'infécondité), autre chose de fermer la

de l'appétit sensuel ne peut être un objet suffisant pour rendre une action louable ; il suffit bien si elle est supportable.

5. Manger non point par simple appétit, mais par excès et dérèglement, c'est chose plus ou moins vitupérable, selon que l'excès est grand ou petit.

6. Or, l'excès du manger ne consiste pas seulement en la trop grande quantité, mais aussi en la façon et manière de manger. [...]

À la vérité, le commerce nuptial, qui est si saint, si juste, si recommandable, si utile à la république, est néanmoins en certains cas dangereux à ceux qui le pratiquent ; car quelquefois il rend leurs âmes grandement malades de péché véniel, comme il arrive par les simples excès, et quelquefois il les fait mourir par le péché mortel, comme il arrive lorsque l'ordre établi pour la production des enfants est violé et perverti ; auquel cas, selon qu'on s'égare plus ou moins de cet ordre, les péchés se trouvent plus ou moins exécrables, mais toujours mortels. Car d'autant que la procréation des enfants est la première et principale fin du mariage[65], jamais on ne peut loisiblement se départir de l'ordre qu'elle requiert, quoique pour quelque autre accident elle ne puisse pas pour lors être effectuée, comme il arrive quand la stérilité ou la grossesse déjà survenue empêche la production et génération ; car en ces

---

porte pour empêcher quelqu'un d'entrer (cas de deux époux qui empêchent une conception alors qu'ils s'unissent en une période normalement féconde).

65. Avec l'exactitude remarquable du grand théologien qu'il est, François ne confond pas la *fin* du mariage (la procréation, à laquelle sont ordonnés tous les actes spécifiques de la vie conjugale, et en cela elle est la « première et principale fin du mariage ») et son *but*, dont il nous a dit plus haut, selon la définition constante du mariage depuis saint Augustin, qu'il était d'abord « l'union indissoluble des cœurs », ensuite la « fidélité inviolable » des époux, enfin seulement « la production et légitime nourriture des enfants ». Cette hiérarchie dans l'intention des époux fonde à la fois la légitimité de l'union des époux au-delà de l'intention immédiate de procréation, et l'exigence de ne pas empêcher positivement celle-ci.

occurrences, le commerce corporel ne laisse pas de pouvoir être juste et saint, moyennant que les règles de la génération soient suivies, aucun accident ne pouvant jamais préjudicier à la loi que la fin principale du mariage a imposée[66]. […]

Que ceux qui usent du monde, dit l'Apôtre, *soient comme n'en usant point*[67]. Que tous donc usent du monde, un chacun selon sa vocation, mais en telle sorte que n'y engageant point l'affection, on soit aussi libre et prompt à servir Dieu comme si l'on n'en usait point. « C'est le grand mal de l'homme, dit saint Augustin, de vouloir jouir des choses desquelles il doit seulement user, et de vouloir user de celles desquelles il doit seulement jouir[68] » : nous devons jouir des choses spirituelles et seulement user des corporelles ; desquelles quand l'usage est converti en jouissance, notre âme raisonnable est aussi convertie en âme brutale et bestiale.

Introduction à la vie dévote, III, 39

---

66. Nous dirions aujourd'hui : « L'infécondité accidentelle de l'épouse n'empêchant pas que l'union des époux soit en elle-même ordonnée à la procréation. »
67. I Co 7, 31.
68. *Quatre-Vingt questions diverses*, XXX.

Chapitre 6

Le dévot, le jeûne,

les efforts et les mortifications

Au temps de saint François de Sales, personne ne concevait la vie chrétienne sans une pratique abondante du jeûne, des pénitences corporelles et autres mortifications. À Jeanne de Chantal dont il vient d'accepter la direction spirituelle, François prescrit comme très normale pour l'époque, outre un ou deux jours de jeûne hebdomadaires, deux séances de discipline, celle-ci ayant « une merveilleuse force, en piquant la chair, de réveiller l'esprit ». Et en cas de tentation particulière, il conviendra d'y ajouter « cinquante ou soixante coups de discipline, ou trente, selon comment vous serez disposée[69]*. » Encore fait-il preuve de modération, car « de ce remède, il faut user modérément, et selon le profit que vous en verrez par l'expérience de quelques jours ».*

Cela peut nous sembler aujourd'hui incompréhensible, et pour des raisons qui ne sont sans doute pas uniquement religieuses : le rapport que nous avons avec notre corps, par exemple, a changé du tout au tout en deux ou trois siècles. Quoi qu'il en soit, dans l'incontestable crise de la pénitence qui caractérise notre façon moderne d'être chrétiens, François de Sales nous donne à propos du jeûne ou des mortifications des repères qui transcendent son époque, et qui doivent nous aider à redécouvrir et à organiser la pénitence, et au-delà, les nécessaires efforts sur nous-mêmes, comme dimension constitutive de toute vie chrétienne.

---

69. Lettre du 14 octobre 1604.

6. 1. Jeûner par devoir ou par amour ?

Il faut savoir avant toute chose que de soi le jeûne n'est pas une vertu, car les bons et les mauvais, les chrétiens et les païens l'observent. Les anciens philosophes le gardaient et le recommandaient : ce n'est pas qu'ils fussent vertueux pour cela, ni qu'ils pratiquassent une vertu en jeûnant, oh non ! puisque le jeûne n'est vertu sinon en tant qu'il est accompagné des conditions qui le rendent agréable à Dieu ; de là vient qu'il profite aux uns et non aux autres, parce qu'il n'est pas fait également de tous. Nous voyons ceci chez les gens du monde, lesquels pensent que pour bien jeûner le saint carême, il ne faut que se garder de manger des viandes prohibées. Mais c'est une pensée trop grossière pour les personnes dédiées à Notre Seigneur. Celles-ci savent bien qu'il ne suffit pas de jeûner extérieurement si l'on ne jeûne intérieurement, et si l'on n'accompagne le jeûne du corps de celui de l'esprit.

C'est pourquoi notre divin Maître, qui a institué le jeûne, a bien voulu dans son sermon sur la montagne apprendre à ses Apôtres comme il le fallait pratiquer[70], ce qui est d'un grand profit et utilité — car il n'eût point été séant à la grandeur et majesté de Dieu d'enseigner une doctrine inutile, cela ne se pouvait faire ; mais sachant que pour tirer la force et l'efficace du jeûne, il fallait observer autre chose que de s'abstenir des viandes prohibées, il les instruit, et par conséquent les dispose à recueillir les fruits propres du jeûne, qui sont plusieurs, et entre tous les autres ces quatre ici : le jeûne fortifie l'esprit, mortifiant la chair et sa sensualité ; il élève l'âme en Dieu ; il abat la concupiscence et donne force pour vaincre et amortir

---

70. Mt 6,16.

ses passions ; enfin, il dispose le cœur à ne chercher qu'à plaire purement à Dieu. […]

Entre toutes les conditions requises pour bien jeûner, je vous en marquerai trois principales, sur lesquelles je vous dirai familièrement quelque chose.

La première est qu'il faut jeûner de tout son cœur, c'est-à-dire de bon cœur, d'un cœur entier, généralement et entièrement. Si je vous rapporte les paroles de saint Bernard touchant le jeûne, vous saurez non seulement pourquoi il est institué, mais encore comme il se doit garder.

Il dit donc que le jeûne a été institué de Notre Seigneur pour remède à notre bouche, à notre gourmandise et à notre gloutonnerie. […] Mais comme ce n'est pas notre bouche seule qui a péché, mais encore tous nos autres sens, il est requis que notre jeûne soit général et entier, c'est-à-dire que nous fassions jeûner tous les membres de notre corps ; car si nous avons offensé Dieu par les yeux, par les oreilles, par la langue et par nos autres sens, pourquoi ne les ferons-nous pas jeûner ? Et non seulement il faut faire jeûner les sens du corps, mais aussi les puissances et passions de l'âme, oui même l'entendement, la mémoire et la volonté, d'autant que l'homme a péché par le corps et par l'esprit.

Combien de péchés sont entrés en l'âme par les yeux, que la Sainte Écriture marque pour la concupiscence de la vue[71] ? C'est pourquoi il les faut faire jeûner, ne leur permettant pas de regarder des objets frivoles et illicites ; les oreilles, les privant d'entendre les discours vains qui ne servent qu'à remplir l'esprit d'images mondaines ; la langue, en ne disant point des paroles oiseuses et qui ressentent le monde ou les choses d'icelui. On doit aussi retrancher les discours inutiles de l'entendement, ainsi que les vaines représentations de notre mémoire, les appétits et désirs superflus de notre volonté, en somme lui

---

71. I Jn 2,16.

tenir la bride à ce qu'elle n'aime ni ne tende qu'au souverain bien ; et par ce moyen nous accompagnerons le jeûne extérieur de l'intérieur. [...]

La seconde est de ne point jeûner pour la vanité, mais par humilité, car si notre jeûne n'est pas fait avec humilité, il ne sera point agréable à Dieu. Les philosophes païens ont ainsi jeûné, et leur jeûne n'a point été regardé de Dieu. Les pécheurs jeûnent en cette sorte, mais parce qu'ils n'ont pas l'humilité, cela ne leur profite aucunement. Or, comme d'après l'Apôtre, tout ce qui se fait sans la charité n'est point agréé de Dieu[72], aussi dis-je de même avec ce grand saint, que si vous jeûnez sans humilité, votre jeûne ne vaudra rien ; car si vous n'avez l'humilité, vous n'avez pas la charité, et si vous êtes sans charité, vous êtes aussi sans humilité, d'autant qu'il est presque impossible d'avoir la charité sans être humble, et d'être humble sans avoir la charité, ces deux vertus ayant une telle sympathie et convenance ensemble, qu'elles ne peuvent jamais aller l'une sans l'autre.

Mais qu'est-ce que jeûner par humilité ? C'est ne point jeûner pour la vanité. Or, comme est-ce que l'on jeûne pour la vanité ? En cent et cent façons qui nous sont marquées en la Sainte Écriture ; mais je me contenterai de vous en dire une, car il ne faut pas charger votre mémoire de beaucoup de choses. Jeûner par vanité, c'est jeûner par sa propre volonté, d'autant que cette propre volonté n'est point sans vanité, ou du moins sans tentation de vanité. Et qu'est-ce que jeûner par sa propre volonté ? C'est jeûner comme on veut, et non point comme les autres veulent ; jeûner en la façon qui nous plaît, et non point comme on nous l'ordonne et conseille. Vous en trouverez qui veulent jeûner plus qu'il ne faut, et d'autres qui ne veulent pas jeûner autant qu'il faut. Qui fait cela sinon la vanité et la propre volonté ? Car tout ce qui vient de nous

---

72. *Cf.* I Co 13.

nous semble être meilleur, et nous est beaucoup plus aisé et facile que ce qui nous est enjoint par autrui, quoique plus utile et propre pour notre perfection. Cela nous est naturel et naît du grand amour que nous nous portons. […]

Il y en a qui prétendent jeûner plus qu'il ne faut, et avec ceux-ci l'on a plus de peine qu'avec les premiers [qui ne veulent pas jeûner autant qu'il ne faut]. Car ils ne veulent point ouïr de raisons ni se persuader qu'ils n'y sont pas tenus, et malgré que nous en ayons, ils s'opiniâtrent à jeûner plus qu'il n'est requis, ne voulant point user des nourritures que nous leur ordonnons. Ces gens ne jeûnent point par humilité, mais par vanité ; ils ne reconnaissent pas qu'étant faibles et infirmes, ils feraient beaucoup plus pour Dieu de ne pas jeûner par le commandement d'autrui et de se servir des nourritures qui leur sont ordonnées, que de vouloir s'en abstenir par leur propre volonté. […]

Ne soyez pas plus vertueux que les autres, ne veuillez pas faire plus de jeûnes, plus d'austérités, de mortifications qu'il ne vous en est ordonné ; faites seulement ce que les autres font et ce qui vous est commandé par vos règles, selon la manière de vivre que vous tenez, et vous en contentez. Car quoique le jeûne et les autres pénitences soient bonnes et louables, néanmoins, n'étant pas pratiquées par ceux avec lesquels vous vivez, il y aurait de la singularité, et partant de la vanité, ou du moins quelque tentation de vous surestimer par dessus ceux qui ne font point comme vous, et cela par une certaine complaisance en vous-mêmes, comme si vous étiez plus saints qu'eux en faisant de telles choses. […] Ne paraissez point plus vertueux que les autres, contentez-vous de faire ce qu'ils font ; accomplissez vos bonnes œuvres en secret, et non pour les yeux des hommes. […]

La troisième condition requise pour bien jeûner est de regarder Dieu et de faire tout pour lui plaire. […] Si tu accomplis ton jeûne et toutes tes œuvres pour plaire à Dieu seul, tu travailleras pour l'éternité, sans te complaire en toi-même, ni te soucier si tu es vu ou non des hommes, d'autant que ce que tu fais n'est pas pour eux, et que ce n'est point d'eux que tu attends ta récompense.

Sermon du 9 février 1622

Je puis jeûner le carême, ou par charité, afin de plaire à Dieu ; ou par obéissance, parce que l'Église l'ordonne ; ou par sobriété ou par diligence, pour mieux étudier ; ou par prudence, afin de faire quelque épargne requise ; ou par chasteté, afin de tromper le corps ; ou par religion, pour mieux prier. Or, si je veux, je puis assembler toutes ces intentions, et jeûner pour tout cela ; mais en ce cas, il faut tenir bonne police à mettre en ordre ces motifs. Car si je jeûnais principalement pour épargner plus que pour obéir à l'Église, plus pour bien étudier que pour plaire à Dieu, qui ne voit que je pervertis le droit et l'ordre, préférant mon intérêt à l'obéissance de l'Église et au contentement de mon Dieu ? Jeûner pour épargner est bon, jeûner pour obéir à l'Église est meilleur, jeûner pour plaire à Dieu est très bon. Mais encore qu'il semble que de trois biens on ne puisse pas composer un mal, celui qui cependant les rangerait en désordre, préférant le moindre au meilleur, il ferait sans doute un dérèglement blâmable.

Traité de l'Amour de Dieu, XI, 13

6. 1. 1. Un jeûne équilibré

Si vous pouvez supporter le jeûne, vous ferez bien de jeûner quelques jours en plus des jeûnes que l'Église nous commande ; car outre l'effet ordinaire du jeûne, d'élever l'esprit, réprimer la chair, pratiquer la vertu et acquérir une plus grande récompense au ciel, c'est un grand bien de se maintenir en la possession de gourmander la gourmandise même, et tenir l'appétit sensuel et le corps sujet à la loi de l'esprit ; et bien qu'on ne jeûne pas beaucoup, l'ennemi néanmoins nous craint davantage quand il connaît que nous savons jeûner. […]

Je dirais volontiers comme saint Jérôme dit à la bonne dame Leta[73] : « Les jeûnes longs et immodérés me déplaisent bien fort, surtout en ceux qui sont en âge encore tendre. J'ai appris par expérience que le petit ânon étant las en chemin cherche à s'en écarter » ; c'est-à-dire, les jeunes gens portés à des infirmités par l'excès des jeûnes, se convertissent aisément aux délicatesses. Les cerfs courent mal en deux circonstances : quand ils sont trop chargés de graisse et quand ils sont trop maigres. Nous sommes grandement exposés aux tentations quand notre corps est trop nourri et quand il est trop abattu ; car l'un le rend insolent en son aise et l'autre le rend désespéré en son malaise ; et comme nous ne le pouvons porter quand il est trop gras, aussi ne nous peut-il pas porter quand il est trop maigre. Le manque de cette modération dans les jeûnes, disciplines, haires et âpretés rend inutiles au service de la charité les meilleures années de beaucoup, comme il fit même à saint Bernard qui se repentit d'avoir usé de trop d'austérité ; et d'autant qu'ils ont maltraité leur corps au commencement, ils sont contraints de le flatter à la fin. N'eussent-ils pas mieux fait de lui en faire un traitement égal et proportionné aux offices et travaux auxquels leurs conditions les obligeaient ?

Le jeûne et le travail matent et abattent la chair. Si le travail que vous ferez vous est nécessaire, ou fort utile à la gloire de Dieu, j'aime mieux que vous souffriez la peine du travail que celle du jeûne : c'est le sentiment de l'Église, laquelle, pour les travaux utiles au service de Dieu et du prochain, décharge ceux qui les font du jeûne même commandé. L'un a de la peine à jeûner, l'autre en a à servir les malades, visiter

---

[73]. Saint Jérôme, Lettre 107, 10.

les prisonniers, confesser, prêcher, assister les désolés, prier et semblables exercices : cette peine vaut mieux que celle-là ; car outre qu'elle mate également, elle a des fruits beaucoup plus désirables. Et partant, généralement, il est mieux de garder plus de forces corporelles qu'il n'est requis, que d'en ruiner plus qu'il ne faut ; car on peut toujours les abattre quand on veut, mais on ne les peut pas réparer toujours quand on veut.

Introduction à la vie dévote, III, 23

6. 2. La vraie valeur des mortifications

Les mortifications sont de deux ordres : il y a celles qui dépendent de nous, comme se flageller, s'obliger à telle action qui nous répugne, etc., et celles qui ne dépendent pas de nous, comme les humiliations que nous impose le prochain ou tout simplement la maladie ou telle infortune que Dieu permet. Les premières sont souvent ambiguës, en ce qu'elles peuvent satisfaire l'amour propre plus que l'amour de Dieu, et saint François de Sales leur préfère manifestement les secondes, en ce qu'elles nous confrontent indubitablement à la seule volonté de Dieu.

⇒ Texte complémentaire 2. 4.

6. 2. 1. L'obéissance vaut mieux que les sacrifices

Elle a raison, certes, la bonne fille, de croire que son humeur jeûneuse est une vraie tentation : ce l'a été, ce l'est et ce le sera tandis qu'elle continuera de faire ces abstinences par lesquelles il est vrai qu'elle affaiblit son corps et ses plaisirs, mais, par un pauvre échange, elle renforce son amour-propre avec sa propre volonté ; elle amaigrit son corps et surcharge son cœur de la vénéneuse graisse de sa propre estime et de ses propres appétits. L'abstinence qui se fait contre l'obéissance ôte le péché du corps pour le mettre dans le cœur. Qu'elle mette son attention à retrancher ses propres volontés, et bientôt elle quittera ces fantômes de sainteté auxquels elle se repose si superstitieusement. Elle a consacré ses forces corporelles à Dieu ; ce n'est plus à elle de les ruiner, sinon quand Dieu l'ordonnera, et elle n'apprendra jamais l'ordonnance de Dieu que par l'obéissance aux créatures que le Créateur lui a données pour sa direction.

Lettre du 11 janvier 1620

Parmi les mortifications inévitables, il y avait à l'époque de saint François de Sales les humiliations qui faisaient partie de toute pédagogie religieuse. Bien difficiles à comprendre pour nous aujourd'hui, elles n'en sont pas moins l'occasion de nous inviter à une attitude salésienne plus générale : faire de nécessité vertu, et au-delà, transformer en obéissance à la Providence de Dieu l'humble soumission à notre prochain même lorsqu'il n'a pas raison :

Pour ce qui est de quel esprit on doit recevoir les mortifications, si l'on nous y préparait en nous avertissant deux heures avant, il serait aisé de n'en être point ému ; mais quand elles arrivent par surprise il est bien difficile. Les mortifications que nous choisissons, encore qu'elles soient répugnantes à notre nature, depuis que nous en avons fait l'élection il n'y a plus de difficulté, parce que notre nature en tire de la vanité ; mais celle qui est faite par nos supérieurs, il la faut recevoir comme de la main de Dieu, avec honneur et humilité. Les mortifications nous arrivent par l'ordre de la Providence de Dieu et nous sont toujours faites avec charité, et il faut le croire ainsi, car il ne nous appartient pas de juger si elles partent de la passion. Mais s'il arrivait que cela nous tombât en la pensée, il faut le recevoir par forme de tribulation, avec douceur, et regarder toujours la main de Dieu ; car encore qu'il ne soit pas auteur du mal et de cette passion, puisqu'elle devait arriver,

Notre Seigneur la prend de sa main et la pose dessus nous, pour nous faire mériter par la souffrance de la tribulation.

Vrais entretiens spirituels, IV, « De la désappropriation »

Il y en a qui demandent des croix, et il ne leur semble jamais que Notre Seigneur leur en donnera assez pour satisfaire à leur ferveur ; moi, je n'en demande point, seulement je désire de me tenir prête pour porter celles qu'il plaira à sa Bonté de m'envoyer, le plus patiemment et humblement que je pourrai. […] J'aimerais mieux porter une petite croix de paille que l'on me mettrait sur les épaules sans mon choix, que non pas d'en aller couper une bien grande dans un bois avec beaucoup de travail, et la porter par après avec une grande peine ; et je croirais, comme il serait véritable, être plus agréable à Dieu avec la croix de paille que non pas avec celle que je me serais fabriquée avec plus de peine et de sueur, parce que je la porterais avec plus de satisfaction pour l'amour-propre qui se plaît tant à ses inventions et si peu à se laisser conduire et gouverner en simplicité, qui est ce que je vous désire le plus. Faire tout simplement tout ce qui nous est commandé, ou par les règles, ou par les constitutions, ou bien par nos supérieurs, et puis nous tenir en repos pour tout le reste, tant près de Dieu que nous pourrons.

Vrais entretiens spirituels, XV « De la volonté de Dieu »

Notre Seigneur dit que l'on prenne sa croix. Voulez-vous savoir en un mot ce que cela signifie ? Cela revient à dire : prenez et recevez de bon cœur toutes les peines, contradictions, afflictions et mortifications qui vous arriveront en cette vie. Quand nous renonçons à nous-même, nous faisons encore quelque chose qui nous contente, parce que c'est nous-même qui agissons, mais ici il faut prendre la croix telle qu'on nous l'impose ; et en ceci il y a déjà moins de notre choix : c'est pourquoi c'est un point de perfection de beaucoup plus grand que le précédent. Notre Seigneur et très cher Maître nous a très bien montré comme il ne faut pas que nous choisissions la croix, mais qu'il faut que nous la prenions et portions telle qu'elle nous est présentée. Lorsqu'il voulut mourir pour nous racheter et pour satisfaire à la volonté de son Père, il ne choisit point sa croix, mais reçut humblement celle que les juifs lui avaient preparée. […]

Mais disons un peu, je vous supplie, un abus qui est en l'esprit de beaucoup, à savoir, qu'ils n'estiment et ne veulent porter les croix qu'on leur présente si elles ne sont grosses et pesantes. Par exemple, un religieux se soumettrait volontiers à faire des grandes austérités, comme de jeûner, porter la haire, faire des rudes disciplines, et témoignerait de la répugnance à obéir lorsqu'on lui commande de ne pas jeûner, ou bien de prendre du repos, et telles choses auxquelles il semble y avoir plus de récréation que de peine. Vous vous trompez si vous croyez qu'il y ait moins de vertu à vous soumettre en cela, car le mérite de la croix n'est pas en sa pesanteur, mais en la façon avec laquelle on la porte. Je dirai bien davantage : il y a quelquefois plus de vertu à porter une croix de paille que non pas une croix bien pesante, parce qu'il faut plus appliquer son attention, de crainte de la perdre. Je veux dire qu'il peut y avoir plus de vertu à retenir une parole qui nous a été défendue par nos supérieurs, ou bien à ne pas lever la vue pour regarder quelque chose que l'on a bien envie de voir, que de porter la haire, parce que dès qu'on l'a sur le dos il n'est plus besoin d'y penser ; mais en ces menues obéissances il faut avoir une grande attention pour n'y pas faillir.

Sermon du 8 février 1614

Mais vous voulez savoir, Philothée, quelles sont les meilleures abjections ; et je vous dis clairement que les plus profitables à l'âme et agréables à Dieu sont celles que nous avons par accident ou par la condition de notre vie, parce que nous ne les avons pas choisies, mais nous les avons reçues telles que Dieu nous les a envoyées, et son choix est toujours meilleur que le nôtre. Que s'il en fallait choisir, les plus grandes sont les meilleures ; et celles-là sont estimées les plus grandes qui sont plus contraires à nos inclinations, pourvu qu'elles soient conformes a notre vocation ; car, pour le dire une fois pour toutes, notre choix et élection gâte et amoindrit presque toutes nos vertus.

Introduction à la vie dévote, III, 6

Préparez-vous donc, Philothée, à souffrir beaucoup de grandes afflictions pour Notre Seigneur, et même le martyre ; résolvez-vous à lui donner tout ce qui vous est de plus précieux, s'il lui plaisait de le prendre : père, mère, frère, mari, femme, enfants, vos yeux même et votre vie, car à tout cela vous devez apprêter votre cœur. Mais tandis que la divine Providence ne vous envoie pas des afflictions si sensibles et si grandes, et qu'il ne requiert pas de vous vos yeux, donnez-lui pour le moins vos cheveux : je veux dire, supportez tout doucement les menues injures, ces petites incommodités, ces pertes de peu d'importance, qui vous sont journalières ; car par le moyen de ces petites occasions employées avec amour et dilection, vous gagnerez entièrement son cœur et le rendrez tout vôtre. Ces petites charités quotidiennes, ce mal de tête, ce mal de dents, ce malaise, cette bizarrerie du mari ou de la femme, ce cassement d'un verre, ce mépris ou cette grimace, cette perte de gants, d'une bague, d'un mouchoir, cette petite incommodité que l'on fait d'aller se coucher de bonne heure et de se lever matin pour prier, pour communier, cette petite honte que l'on a de faire certaines actions de dévotion publiquement : bref, toutes ces petites souffrances étant prises et embrassées avec amour contentent extrêmement la Bonté divine, laquelle pour un seul *verre d'eau* a promis la mer de toute félicité à ses fidèles[74] ; et parce que ces occasions se présentent à tout moment, c'est un grand moyen pour assembler beaucoup de richesses spirituelles que de les bien employer. […]

Les grandes occasions de servir Dieu se présentent rarement, mais les petites sont ordinaires : or, qui sera *fidèle en peu de chose,* dit le Sauveur même, on l'établira *sur beaucoup*[75]. *Faites* donc *toutes choses au nom de Dieu*[76], et toutes choses seront bien faites. *Soit que vous mangiez, soit que vous buviez*[77], soit que vous dormiez, soit que vous vous récréiez, soit que vous tourniez la broche, pourvu que vous sachiez bien ménager vos affaires, vous profiterez beaucoup devant Dieu, faisant toutes ces choses parce que Dieu veut que vous les fassiez.

Introduction à la vie dévote, III, 35

⇨ Textes complémentaires 2. 3 ; 2. 5.

6. 3. Quels efforts nous sont demandés par le Seigneur ?

Comme les mortifications proprement dites, les efforts que nous faisons pour progresser dans la vie chrétienne sont à penser en fonction de l'amour de Dieu qu'ils doivent nous aider à pratiquer. Une fois encore, saint François de Sales nous dit que cet amour seul donne leur valeur à nos actions, et non la difficulté plus ou moins grandes qu'elles comportent. C'est toute la question des conseils évangéliques, *ou si l'on préfère, des* béatitudes, *parce que c'est en vue de notre bonheur que Jésus les formule :* Heureux les pauvres en esprit, *nous dit-il*[78] *; s'il est interdit de voler, il n'est que* conseillé *de pratiquer cette pauvreté-là. «* Conseillé *», ici, ne veut pas dire facultatif, mais mesuré par la vo-*

---

74. Mt 10, 42.
75. Mt 25, 21.
76. I Co 10, 31.
77. Idem.
78. Mt 5, 3.

lonté de vivre personnellement ce que le Christ a vécu, au-delà de la seule obéissance aux commandements. Et l'on comprend que selon le chemin propre à chacun, ce qui est affaire de vocation, de circonstances et autres expressions providentielles de la volonté de Dieu, telle béatitude sera privilégiée par rapport à telle autre, et assignera leur place relative à toutes les autres. On comprend aussi que l'invitation de Jésus à le suivre sera d'autant plus claire, et ressentie comme d'autant plus pressante, que l'on vivra davantage dans son intimité ; si bien que c'est dans une écoute aimante de sa parole, autrement dit dans une vie de prière qui est de toute façon la priorité de toute vie chrétienne, que le dévot découvrira le chemin que Dieu veut pour lui :

Entre les exercices des vertus, nous devons préférer celui qui est plus conforme à notre devoir, et non pas celui qui est plus conforme à notre goût. C'était le goût de sainte Paule d'exercer l'âpreté des mortifications corporelles pour jouir plus aisément des douceurs spirituelles ; mais elle avait plus de devoir à obéir à ses supérieurs : c'est pourquoi saint Jérôme avoue qu'elle était répréhensible en ce que, contre l'avis de son évêque, elle faisait des abstinences immodérées. Les Apôtres, au contraire, commis pour prêcher l'Évangile et distribuer le pain céleste aux âmes, jugèrent extrêmement bien qu'ils eussent eu tort de s'incommoder en ce saint exercice pour pratiquer la vertu du soin des pauvres, quoique très excellente[79]. Chaque vocation a besoin de pratiquer quelque spéciale vertu : autres sont les vertus d'un prélat, autres celles d'un prince, autres celles d'un soldat, autres celles d'une femme mariée, autres celles d'une veuve ; et bien que tous doivent avoir toutes les vertus, tous néanmoins ne les doivent pas également pratiquer, mais chacun se doit particulièrement adonner à celles qui sont requises au genre de vie auquel il est appelé.

Entre les vertus qui ne regardent pas notre devoir particulier, il faut préférer les plus excellentes et non pas les plus apparentes. Les comètes paraissent pour l'ordinaire plus grandes

---

79. Ac 6, 2.

que les étoiles et tiennent beaucoup plus de place à nos yeux ; elles ne sont pas néanmoins comparables ni en grandeur ni en qualité aux étoiles, et ne semblent grandes que parce qu'elles sont proches de nous et en un sujet plus grossier au prix des étoiles. Il y a de même certaines vertus qui, pour être proches de nous, sensibles et, s'il faut ainsi dire, matérielles, sont grandement estimées et toujours préférées par le vulgaire ; ainsi préfère-t-il communément l'aumône temporelle à la spirituelle, la haire, le jeûne, la nudité, la discipline et les mortifications du corps à la douceur, à la débonnaireté, à la modestie et autres mortifications du cœur, qui néanmoins sont bien plus excellentes. Choisissez donc, Philothée, les meilleures vertus et non pas les plus estimées, les plus excellentes et non pas les plus apparentes, les meilleures et non pas les plus braves.

Il est utile qu'un chacun choisisse un exercice particulier de quelque vertu, non point pour abandonner les autres, mais pour tenir plus justement son esprit rangé et occupé. […] Ainsi entre les serviteurs de Dieu, les uns s'adonnent à servir les malades, les autres à secourir les pauvres, les autres à procurer l'avancement de la doctrine chrétienne chez les petits enfants, les autres à ramasser les âmes perdues et égarées, les autres à parer les églises et orner les autels, et les autres à établir la paix et la concorde entre les hommes. En quoi ils imitent les brodeurs qui, sur divers fonds, couchent en belle variété les soies, l'or et l'argent pour en faire toutes sortes de fleurs ; car ainsi ces âmes pieuses qui entreprennent quelque particulier exercice de dévotion, s'en servent comme d'un fond pour leur broderie spirituelle, sur lequel elles pratiquent la variété de toutes les autres vertus, tenant en cette sorte leurs actions et affections mieux unies et rangées par le rapport qu'elles en font à leur exercice principal, et font ainsi paraître leur esprit,

En son beau vêtement de drap d'or récamé,
Et d'ouvrages divers à l'aiguille semé[80].

Quand nous sommes combattus de quelque vice, il faut, tant qu'il nous est possible, embrasser la pratique de la vertu contraire, rapportant les autres à celle-ci ; car, par ce moyen, nous vaincrons notre ennemi et ne laisserons pas de nous avancer en toutes les vertus. Si je suis combattu par l'orgueil ou par la colère, il faut qu'en toute chose je me penche et plie du côté de l'humilité et de la douceur, et qu'à cela je fasse servir les autres exercices de l'oraison, des sacrements, de la prudence, de la constance, de la sobriété. Car, comme les sangliers pour aiguiser leurs défenses les frottent et fourbissent avec leurs autres dents, lesquelles réciproquement en demeurent toutes fort affilées et tranchantes, ainsi l'homme vertueux ayant entrepris de se perfectionner en la vertu de laquelle il a plus de besoin pour sa défense, il la doit limer et affiler par l'exercice des autres vertus, lesquelles en affinant celle-là, en deviennent toutes plus excellentes et mieux polies ; comme il advint à Job, qui s'exerçant particulièrement en la patience contre tant de tentations desquelles il fut agité, devint parfaitement saint et vertueux en toutes sortes de vertus. Ainsi, il est arrivé, comme dit saint Grégoire de Nazianze[81], que par une seule action de quelque vertu, bien et parfaitement exercée, une personne a atteint au comble des vertus, alléguant Rahab, laquelle, ayant exactement pratiqué

---

80. Ps 44, 10, dans la traduction poétique de Philippe Desportes. *Récamé* est pris ici pour *brodé*.
81. Discours 14, 2.

l'office d'hospitalité, parvint à une gloire suprême[82] ; mais cela s'entend quand telle action se fait excellemment, avec grande ferveur et charité.

Introduction à la vie dévote, III, 1

⇨ Textes complémentaires 4. 2 ; 5. 2 ; 5. 5.

---

82. *Cf.* Jos 6.

Chapitre 7

Le dévot et les événements :
l'abandon à la Providence

Le mot abandon *résume à lui seul toute la spiritualité salésienne. C'est par cet abandon que François de Sales sortit de la violente crise spirituelle qui manqua de le jeter dans le désespoir en 1586, dénonçant du même coup le rationalisme qui commençait à envahir l'Europe, et qui aboutira une génération plus tard à l'idéalisme de Descartes. Acte de foi en celui qui sait, d'espérance en celui qui promet et de charité envers celui qui aime, l'abandon résume l'attitude chrétienne de base : suivre le Christ inconditionnellement.*

7. 1. L'abandon, ou la foi au quotidien

⇒ Textes complémentaires 2. 1 ; 2. 3 ; 5. 2 ; 5. 3 ; 10. 1 ; 10. 2.

7. 1. 1. Avancer « tout bellement », « tout doucement »

Allez simplement et avec confiance. Il n'y a pour vous que Dieu et vous en ce monde ; tout le reste ne vous doit point toucher, sinon à mesure que Dieu le vous commande et comme il le vous commande. Je vous prie, ne regardez pas tant çà et là, tenez votre vue ramassée en Dieu et en vous. Vous ne verrez jamais Dieu sans bonté, ni vous sans misère, et verrez sa bonté propice à votre misère et votre misère objet de sa bonté et miséricorde. Ne regardez donc rien que cela, j'entends d'une vue fixe, arrêtée et expresse, et tout le reste en passant. Partant, n'épluchez guère ce que font les autres ni ce qu'ils deviendront, mais regardez-les d'un œil simple, bon, doux et affectionné. Ne requérez pas en eux plus de perfection qu'en vous, et ne vous étonnez point de la diversité des imperfections, car l'imperfection n'est pas plus imperfection pour être extravagante et étrange.

Lettre à la Sœur de Sulfour, 16 janvier 1603

Je vous recommande la sainte simplicité. Regardez devant vous et ne regardez pas à ces dangers que vous voyez de loin. Il vous semble que ce soient des armées ; ce ne sont que des saules ébranchés, et cependant que vous regardez là, vous pourriez faire quelque mauvais pas. Ayons un ferme et général propos de vouloir servir Dieu de tout notre cœur et toute notre vie ; au bout de là, n'ayons soin du lendemain. Pensons seulement à bien faire aujourd'hui, et quand le jour de demain sera arrivé, il s'appellera aussi aujourd'hui, et lors nous y penserons. Il faut encore en cet endroit avoir une grande confiance et résignation en la Providence de Dieu. Il faut faire provision de manne pour chaque jour, et non plus[83] ; et ne doutons point, Dieu en pleuvra demain d'autre, et passé demain, et tous les jours de notre pèlerinage.

lettre à Mademoiselle de Sulfour, 22 juillet 1603

Ne prévenez point les accidents de cette vie par appréhension, mais prévenez-les par une parfaite espérance qu'à mesure qu'ils arriveront, Dieu, à qui vous êtes, vous en délivrera. Il vous a gardée jusqu'à présent ; tenez-vous seulement bien à la main de sa Providence, et il vous assistera en toutes occasions, et où vous ne pourrez pas marcher, il vous portera. Que devez-vous craindre, ma très chère Fille, étant à Dieu qui nous a si fortement assurés qu'*à ceux qui l'aiment tout revient*

---

83. Ex 16, 16-21.

à *bonheur*[84] ? Ne pensez point à ce qui arrivera demain, car le même Père éternel qui a soin aujourd'hui de vous, en aura soin et demain et toujours : ou il ne vous donnera point de mal, ou s'il vous en donne, il vous donnera un courage invincible pour le supporter.

Lettre à Madame de Veyssilieu, 16 janvier 1619

7. 1. 2. Le fondement spirituel de l'abandon

> L'abandon n'est pas psychologique, mais spirituel, et même mystique ; il suppose une confiance absolue en Dieu, fondée sur sa bonté infinie. On ne s'abandonne pas à Dieu parce qu'on pense que les choses vont bien tourner, mais elles vont bien tourner parce qu'on s'abandonne à Dieu. Et parce qu'il est spirituel, loin d'être un raidissement stoïque, l'abandon est parfaitement compatible avec les répugnances de la nature, *« pourvu que ce soit amoureusement »* :

Abandonner notre âme et nous laisser nous-mêmes n'est autre chose que nous défaire de notre propre volonté pour la donner à Dieu, car il ne nous servirait de guère de nous renoncer et délaisser nous-mêmes, si ce n'était pour nous unir parfaitement à la divine Bonté. Ce n'est donc que pour cela qu'il faut faire cet abandonnement, lequel autrement serait inutile et ressemblerait à ceux des anciens philosophes. Nous autres, nous ne voulons pas nous abandonner sinon pour nous laisser à la merci de la volonté de Dieu. […]

Il y a beaucoup de gens qui disent à Notre Seigneur : « Je me donne tout à vous sans aucune réserve » ; mais il y en a fort peu qui embrassent la pratique de cet abandonnement, lequel n'est autre chose qu'une parfaite indifférence à recevoir toute sorte d'événements, selon qu'ils arrivent par l'ordre de la Providence de Dieu, aussi bien l'affliction comme la consolation, la maladie comme la santé, la pauvreté comme les richesses, le mépris comme l'honneur, et l'opprobre comme la gloire.

---

84. Rm 8, 28.

Ce que j'entends, selon la partie supérieure de notre âme, car il n'y a point de doute que l'inférieure et l'inclination naturelle tiendra plutôt du côté de l'honneur que du mépris, des richesses que de la pauvreté. [...]

Je ne sais pas si l'année qui vient, tous les fruits de la terre seront tempêtés : s'il arrive qu'ils le soient, ou qu'il y ait de la peste, ou autres tels événements, il est tout évident que c'est le bon plaisir de Dieu, et partant je m'y conforme. Il arrivera que vous n'aurez pas de la consolation en vos exercices : il est certain que c'est le bon plaisir de Dieu, c'est pourquoi il faut demeurer avec une extrême indifférence entre la désolation et la consolation ; de même en faut-il faire en toutes les choses qui nous arrivent, pour les habits qui nous sont données, les viandes qui nous sont présentées.

[...] Si je tombe malade d'une grosse fièvre, je vois en cet événement que le bon plaisir de Dieu est que je demeure en indifférence de la santé ou de la maladie ; mais la volonté de Dieu est [aussi] que j'appelle le médecin et que j'applique tous les remèdes que je puis (je ne dis pas les plus exquis, mais les communs et ordinaires). [...] Cela fait, que la maladie surmonte le remède, ou le remède surmonte le mal ; il en faut être en parfaite indifférence, en telle sorte que si la maladie et la santé étaient là devant nous et que Notre Seigneur nous dît : « Si tu choisis la santé, je ne t'en ôterai pas un grain de ma grâce, si tu choisis la maladie, je ne te l'augmenterai pas aussi de rien, mais au choix de la maladie il y a un peu plus de mon bon plaisir » ; alors l'âme qui s'est entièrement délaissée et abandonnée entre les mains de Notre Seigneur choisira sans doute la maladie, pour cela seulement qu'il y a un peu plus du bon plaisir de Dieu ; oui même quand ce serait pour demeurer toute sa vie dans un lit, sans faire autre chose que souffrir, elle ne voudrait pour rien du monde désirer un autre état que celui-là. Ainsi les saints qui sont au ciel ont une telle union avec la volonté de Dieu, que s'il y avait un peu plus de son bon plaisir en enfer, ils quitteraient le Paradis pour y aller.

Cet état du délaissement de soi-même comprend aussi l'abandonnement au bon plaisir de Dieu en toutes tentations, aridités, sécheresses, aversions et répugnances qui arrivent en la vie spirituelle ; car en toutes ces choses l'on y voit le bon plaisir de Dieu, quant elles n'arrivent pas par notre défaut et qu'il n'y a pas du péché.

[…] Cette âme ne fait rien sinon demeurer auprès de Notre Seigneur, sans avoir souci d'aucune chose, non pas même de son corps ni de son âme ; car puisqu'elle s'est embarquée sous la Providence de Dieu, qu'a-t-elle à faire de penser ce qu'elle deviendra ? Notre Seigneur, auquel elle est toute délaissée, y pensera assez pour elle. […] Il est bien vrai qu'il faut avoir une grande confiance pour s'abandonner ainsi sans aucune réserve à la Providence divine ; mais aussi, quand nous abandonnons tout, Notre Seigneur prend soin de tout et conduit tout.

Vrais entretiens spirituels, VI « De l'espérance »

Il faut sur toutes choses, ma chère Fille, procurer cette tranquillité, non point parce qu'elle est mère du contentement, mais parce qu'elle est fille de l'amour de Dieu et de la résignation de notre propre volonté. […] Je vous prie de vous mettre en la présence de Dieu et de souffrir vos douleurs devant lui. Ne vous retenez pas de vous plaindre, mais je voudrais que ce fût à lui, avec un esprit filial, comme ferait un tendre enfant à sa mère ; car, pourvu que ce soit amoureusement, il n'y a point de danger de se plaindre, ni de demander la guérison, ni de se faire soulager. Faites seulement cela, avec amour et résignation entre les bras de la bonne volonté de Dieu.

Ne vous mettez point en peine de ne faire pas bien les actes des vertus ; car ils ne laissent pas d'être très bons, encore qu'ils soient faits langoureusement, pesamment et quasi forcément. Vous ne sauriez donner à Dieu que ce que vous avez, et en cette saison d'affliction, vous n'avez pas d'autre action.

Lettre à Madame de la Fléchère, 16 juillet 1608

⇨ Textes complémentaires 2. 4. ; 10. 1.

7. 1. 3. La conscience de notre péché, ressort de l'abandon

Si le péché est assurément un obstacle à la croissance spirituelle, cet obstacle devient un tremplin lorsque nous en prenons conscience. Cette prise de conscience et le regret qui l'accompagne, est le premier effet de la grâce de Dieu, et loin de nous pousser au découragement, elle nous remet dans la vérité de notre situation devant lui, et nous invite à nous appuyer sur sa seule miséricorde :

Non seulement l'âme qui a la connaissance de sa misère peut avoir une grande confiance en Dieu, mais elle ne peut avoir une vraie confiance qu'elle n'ait la connaissance de sa misère ; car cette connaissance et confession de notre misère nous introduit devant Dieu. Aussi, tous les grands saints, comme Job, David et autres, commençaient toutes leurs prières par la confession de leur misère et indignité ; de sorte que c'est une très bonne chose de se reconnaître pauvre, vil et abject, et indigne de comparaître en la présence de Dieu. Ce mot tant célèbre entre les anciens : « Connais-toi toi-même », encore qu'il s'entende : connais la grandeur et excellence de ton âme, pour ne la point avilir et profaner en des choses indignes de sa noblesse, il s'entend aussi : « Connais-toi toi-même », c'est-à-dire ton indignité, ton imperfection et misère. Plus nous sommes misérables, plus nous nous devons confier en la bonté et miséricorde de Dieu ; car entre la miséricorde et la misère il y a une certaine liaison si grande, que l'une ne se peut exercer sans l'autre. Si Dieu n'eût point créé d'homme, il eût été vraiment toujours tout bon, mais il n'eût pas été actuellement miséricordieux, d'autant qu'il n'eût fait miséricorde à personne : car, à qui faire miséricorde sinon aux misérables ?

Vous voyez donc que tant plus nous nous connaissons misérables, et plus nous avons occasion de nous confier en Dieu, puisque nous n'avons rien de quoi nous confier en nous-mêmes. La défiance de nous-mêmes se fait par la connaissance de nos imperfections. Il est bien bon de se défier de soi-même, mais de quoi nous servirait-il de le faire, sinon pour jeter toute notre confiance en Dieu et nous attendre à sa miséricorde ? […]

Mais vous dites que vous ne sentez point cette confiance. Quand vous ne sentez pas, il en faut faire un acte et dire à Notre Seigneur : « Encore que je n'aie aucun sentiment de confiance en vous, je sais pourtant que vous êtes mon Dieu, que je suis toute vôtre, et n'ai espérance qu'en votre bonté ; ainsi je m'abandonne toute en vos saintes mains. » Il est toujours en notre pouvoir de faire de ces actes, et quoique nous y ayons de la difficulté, il n'y a pourtant pas de l'impossibilité, et c'est en ces occasions-là, parmi les difficultés, où nous devons témoigner de la fidélité à Notre Seigneur ; car bien que nous les fassions sans goût ni aucune satisfaction, il ne s'en faut pas mettre en peine, puisque Notre Seigneur les aime mieux ainsi. Et ne dites pas : « Je les dis vraiment, mais ce n'est que de bouche » ; car si le cœur ne le voulait, la bouche n'en dirait pas un mot. Ayant fait cela, demeurez en paix, et sans faire attention sur votre trouble, parlez à Notre Seigneur d'autre chose. […]

Le trône de la miséricorde de Dieu, c'est notre misère : il faut donc, d'autant que notre misère sera plus grande, avoir une plus grande confiance, car la confiance est la vie de l'âme. Ôtez-lui la confiance, vous lui donnez la mort.

Vrais entretiens spirituels, « De la confiance et abandonnement »

7. 2. La mystique de l'abandon

Au-delà d'une attitude spirituelle, l'abandon auquel nous invite François de Sales rejoint celui du Christ lui-même venu pour faire la volonté du Père[85]. La lettre dont nous citons le passage suivant est l'une des plus touchantes de la correspondance du saint : il y exprime sa douleur à la chère Jeanne de Chantal, à l'occasion de la mort de sa toute jeune sœur, la petite Jeanne, qu'il lui avait confiée pour son éducation. On y voit la parfaite illustration de cette coexistence, dans l'abandon vrai, des sentiments de la « partie inférieure de l'âme » avec la foi de la « partie supérieure », comme Jésus lui-même l'a vécue sur la Croix.

[...] Je sais bien que vous me direz volontiers : « Et vous, comme vous êtes-vous comporté ? » Oui, car vous désirez de savoir ce que je fais. Hélas, ma Fille, je suis tant homme que rien plus ! Mon cœur s'est attendri plus que je n'eusse jamais pensé ; mais la vérité est que le déplaisir de ma mère et le vôtre y ont beaucoup contribué, car j'ai eu peur de votre cœur et de celui de ma mère. Mais quant au reste, oh, vive Jésus ! je tiendrai toujours le parti de la Providence divine : elle fait tout bien et dispose de toutes choses au mieux. Quel bonheur a cette fille d'avoir été ravie du monde, afin que la malice ne pervertît son esprit[86], et d'être sortie de ce lieu fangeux avant qu'elle s'y fût souillée ! On cueille les fraises et les cerises avant les poires bergamotes et les capendus ; mais c'est parce que

---

85. Jn 6, 38.
86. *Cf.* Sg 4, 1.

leur saison le requiert. Laissons que Dieu recueille ce qu'il a planté en son verger ; il prend tout à saison.

Vous pouvez penser, ma chère Fille, combien j'aimais cordialement cette petite fille. Je l'avais engendrée à son Sauveur, car je l'avais baptisée de ma propre main, il y a environ quatorze ans ; ce fut la première créature sur laquelle j'exerçai mon ordre de sacerdoce. J'étais son père spirituel et me promettais bien d'en faire un jour quelque chose de bon ; et ce qui me la rendait fort chère (mais je dis la vérité), c'est qu'elle était vôtre. Mais néanmoins, ma chère Fille, au milieu de mon cœur de chair, qui a eu tant de ressentiments de cette mort, j'aperçois fort sensiblement une certaine suavité, tranquillité et certain doux repos de mon esprit en la Providence divine, qui répand en mon âme un grand contentement en ses déplaisirs. Or bien, voilà mes mouvements représentés comme je puis. […]

Il ne faut pas seulement agréer que Dieu nous frappe, mais il faut acquiescer que ce soit sur l'endroit qu'il lui plaira ; il faut laisser le choix à Dieu, car il lui appartient. […] De dire à Dieu : Laissez ceci et prenez cela, ma chère Fille, il ne le faut pas dire.

Je vous vois, ce me semble, ma chère Fille, avec votre cœur vigoureux, qui aime et qui veut puissamment. Je lui en sais bon gré, car ces cœurs à demi morts, à quoi sont-ils bons ? Mais il faut que nous fassions un exercice particulier, toutes les semaines une fois, de vouloir et d'aimer la volonté de Dieu plus vigoureusement, je passe plus avant : plus tendrement, plus amoureusement que nulle chose du monde ; et cela, non seulement dans les occurrences supportables, mais dans les plus insupportables. […] Vous avez, ma Fille, quatre enfants ; vous avez un père, un beau-père, un si cher frère, et puis encore un père spirituel : tout cela vous est fort cher, et avec mérite, car Dieu le veut. Et bien, si Dieu vous ravissait tout cela, n'aurez-vous pas encore assez d'avoir Dieu ? N'est-ce pas tout, à votre avis ? Quand nous n'aurions que Dieu, ne serait-ce pas beaucoup ? Hélas, le Fils de Dieu, mon cher Jésus, n'en eut presque pas tant sur la Croix, lors qu'ayant tout quitté et laissé pour l'amour et obéissance de son Père, il fut comme quitté et laissé de lui ; et le torrent des passions emportant sa barque à la désolation, à peine sentait-il l'aiguille, qui non seulement regardait, mais était inséparablement unie à son Père. Oui, il était un avec son Père, mais la partie inférieure n'en savait ni apercevait rien du tout, ce que jamais la divine Bonté ne fit ni fera en aucune autre âme, car elle ne le pourrait supporter. Et bien, donc, ma Fille, si Dieu nous ôtait tout, il ne s'ôtera jamais à nous pendant que nous ne le voudrons pas. […]

Je m'épanche, ce me semble, un peu trop ; mais quoi ? Je suis mon cœur, qui ne pense jamais trop dire avec cette si chère Fille...

Lettre à Jeanne de Chantal, 2 novembre 1607

Le véritable abandon demande un dernier dépassement : l'abandon de l'abandon, dans une absolue indifférence à soi-même, mort et résurrection de notre volonté en celle de Dieu. C'est là que l'abandon révèle son origine surnaturelle : non pas un effort sur soi-même pour s'obliger à l'indifférence, mais une capitulation bienheureuse devant l'évidence de l'amour infini de notre Père :

Certes, notre volonté ne peut jamais mourir, non plus que notre esprit ; mais elle outrepasse quelquefois les limites de sa vie ordinaire, pour vivre toute en la volonté divine : c'est lorsqu'elle ne sait ni ne veut plus rien vouloir, mais qu'elle s'abandonne totalement et sans réserve au bon plaisir de la divine Providence, se mêlant et détrempant tellement avec ce bon plaisir, qu'elle ne paraît plus, mais est toute cachée avec

Jésus-Christ en Dieu, où elle vit, non plus elle-même, mais la volonté de Dieu vit en elle.

Que devient la clarté des étoiles, quand le soleil paraît sur notre horizon ? Elle ne périt certes pas ; mais elle est ravie et engloutie dans la souveraine lumière du soleil, avec laquelle elle est heureusement mêlée et conjointe. Et que devient la volonté humaine, quand elle est entièrement abandonnée au bon plaisir divin ? Elle ne périt pas tout à fait, mais elle est tellement abîmée et mêlée avec la volonté de Dieu, qu'elle ne paraît plus, et n'a plus aucun vouloir séparé de celui de Dieu, […] comme on dirait d'un petit enfant qui n'a point encore l'usage de sa volonté pour vouloir ni aimer chose quelconque que le sein et le visage de sa chère mère ; car il ne pense nullement à vouloir ni aimer chose quelconque, sinon d'être entre les bras de sa mère, avec laquelle il pense être une même chose, et n'est nullement en souci d'accommoder sa volonté à celle de sa mère, car il ne sent point la sienne. Et il ne pense pas d'en avoir une, laissant le soin à sa mère d'aller, de faire et de vouloir ce qu'elle trouvera bon pour lui. […]

Si l'on eût demandé au doux enfant Jésus, étant porté entre les bras de sa mère, où il allait, n'eût-il pas eu raison de répondre : « Je ne vais pas, c'est ma mère qui va pour moi » ? Et à qui lui eût demandé : « Mais au moins, n'allez-vous pas avec votre mère ? » n'eût-il pas eu raison de dire : « Non, je ne vais nullement ; ou si je vais là par où ma mère me porte, je n'y vais pas avec elle, ni par mes propres pas, mais j'y vais par les pas de ma mère, par elle et en elle » ? Et à qui lui eût répliqué : « Mais au moins, ô très cher divin enfant, vous voulez bien vous laisser porter à votre douce mère ? — Non certes, eût-il pu dire, je ne veux rien de tout cela, mais comme ma toute bonne mère marche pour moi, aussi elle veut pour moi ; je lui laisse également le soin et d'aller et de vouloir aller pour moi où bon lui semblera ; et comme je ne marche que par ses pas, aussi je ne veux que par son vouloir ; et dès que je me trouve entre ses bras, je n'ai aucune attention ni à vouloir, ni à ne vouloir pas, laissant tout autre soin à ma mère, hormis celui d'être sur son sein.

Traité de l'Amour de Dieu, IX, 13-14

⇨ Textes complémentaires 2. 4 ; 2. 5 ; 5. 3 ; 6. 1 ; 7. 1 ; . 7. 2 ; 7. 3 ; 8. 1 ; 9. 1.

Chapitre 8

Le dévot dans le monde et la cité :

tenir sa vraie place

*Peut-on vivre en chrétien dans un monde qui ne l'est pas ? Question redoutable depuis vingt siècles, et dont la réponse salésienne n'est pas simple. On a souvent voulu ne voir en l'auteur de l'*Introduction à la vie dévote *que l'optimiste pour qui « c'est une erreur, et même une hérésie, de vouloir bannir la vie dévote de la compagnie des soldats, de la boutique des artisans, de la cour des princes et du ménage des gens mariés ». Bien d'autres passages de son œuvre suggèrent qu'il peine à y croire, et que tout comme saint Paul, il estime que si celui qui se marie fait bien, celui qui ne se marie pas fait mieux encore*[87]. *Ces apparentes contradictions reflètent tout simplement la précarité de la situation du chrétien dans le monde sans être du monde, comme en témoigne François de Sales si l'on veut bien lire l'ensemble de ce qu'il en a écrit.*

*Nous commencerons par équilibrer la bienveillance de l'*Introduction *envers l'engagement des laïcs dans la cité (mais pouvait-il en être autrement dans un ouvrage de commande, à l'usage des reconstructeurs de la France au lendemain des guerres de religion ?), par l'aveu que fait son auteur de la difficulté de leur situation lorsqu'il s'adresse à un auditoire de consacrés. Après quoi, nous le verrons se résigner à la solution traditionnelle et bancale, mais inévitable dans un monde pécheur : faire ce qu'on peut pour vivre l'Évangile, mais en étant bien conscient que le Royaume du Christ n'est pas de ce monde.*

Sur le même registre, il vaudrait la peine de relever l'embarras de François de Sales lorsqu'il s'agit d'éclairer ses correspondants sur les rapports de l'Église et de l'État ; tout en se ralliant au bellarminisme de son époque (l'État doit seconder l'Église en matière reli-

---

87. I Co 7, 38.

gieuse, mais en matière religieuse seulement), il recommande d'en débattre le moins possible, car il pressent que dans une société qui, de fait, n'est déjà plus chrétienne, ce recours officiel au bras séculier est en réalité devenu intenable. Il y a sur ce point des pages qui correspondent à des positions aujourd'hui nettement dépassées, et c'est pourquoi nous n'en citerons qu'un bref extrait un peu plus loin dans un autre contexte, celui de la charité à tenir dans les polémiques les plus chaudes, charité qui, elle, ne sera jamais dépassée[88].

8. 1. La hiérarchie des vocations

Les vocations sont multiples, et puisque c'est Dieu qui les donne, toutes sont des voies de sainteté. Mais d'une part, François de Sales constate que la plupart des chrétiens s'en tiennent à une vision profane de leur existence et ne cherchent pas à la vivre comme une réponse à un appel de Dieu ; d'autre part, il souligne que la vie consacrée, en ce qu'elle vise directement l'avènement du Royaume de Dieu au-delà de cette existence terrestre, doit être considérée, de fait, comme la norme de la vie chrétienne, et qui éclaire les autres vocations : « La profession des conseils évangéliques apparaît comme un signe qui peut et doit exercer une influence efficace sur tous les membres de l'Église dans l'accomplissement courageux des devoirs de leur vocation chrétienne. En effet, le Peuple de Dieu n'a pas ici-bas de cité permanente, il est en quête de la cité future ; or, l'état religieux, qui assure aux siens une liberté plus grande à l'égard des charges terrestres, manifeste aussi davantage aux yeux de tous les croyants les biens célestes déjà présents en ce temps, il atteste l'existence d'une vie nouvelle et éternelle acquise par la Rédemption du Christ, il annonce enfin la résurrection à venir et la gloire du Royaume des cieux[89] ». On a souvent fait de saint François de Sales un précurseur du concile Vatican II ; les sermons suivants, prononcés à l'occasion d'engagements religieux à la Visitation, illustrent parfaitement cette hiérarchie chrétienne et salésienne entre les diverses façons de suivre le Christ. Certes, pas plus que Vatican II, François de Sales ne voudrait en rien décourager ceux qui ne sont pas appelés à la vie consacrée, mais

---

88. *Cf.* ci-dessous, chap. 8. 3.
89. Vatican II, Constitution *Lumen gentium*, n° 44.

simplement leur faire prendre conscience du sérieux de leur baptême, sans se laisser arrêter par le petit nombre de vrais chrétiens.

Il est dit dans l'Évangile sacré que ce bon Maître se transporta, avec la multitude qui le suivait, de la mer de Galilée sur la montagne, en un lieu écarté et désert[90]. La mer de Galilée signifie le monde avec ses tracas et remuements, où l'on a grande peine à entendre Notre Seigneur, c'est-à-dire ses inspirations, si l'on ne va sur la montagne et qu'on ne se retire en la maison de Dieu ; car pourquoi ne peut-on pas parler en secret parmi les rues de Lyon, sinon à cause que l'on fait trop de bruit ? Ainsi malaisément peut-on entendre les paroles que le Sauveur dit au fond de notre cœur au milieu de tant d'embarrassements. Mais, mes chères Filles, notre bon Dieu vous a tant aimées qu'il vous a fait entendre son inspiration sacrée malgré ces tracas, encore que vous lui fissiez la sourde oreille et que peut-être vous n'y pensiez pas.

[...] Dieu a été si bon envers nous qu'il a institué des sacrements en son Église pour toutes sortes de vocations, et sa Providence a voulu qu'en toutes les conditions il y eût des saints : des rois, des empereurs, des princes, des prélats, des gens mariés, des veuves, des clercs, des religieux. Tous se peuvent sauver en observant les commandements ; et pourtant il y en a si peu dans le christianisme qui s'adonnent à la véritable vertu ! Grâce à Dieu, il y a partout des chrétiens : en France, en Europe, en Asie, en Afrique, enfin dans tous les pays du monde ; mais le malheur est qu'il y en a si peu qui fassent profession de vrais chrétiens, que c'est grande pitié. Ils pensent faire beaucoup quand ils se gardent des gros péchés, comme de voler, de tuer et choses semblables ; et l'on dit : C'est un homme de bien. Néanmoins, ils ne se soucient point des conseils que Notre Seigneur donne, lesquels sont : *Qui*

---

90. *Cf.* Jn 6.

veut venir après moi, qu'il renonce à soi-même, prenne sa croix et me suive[91], et tant d'autres beaux enseignements qui nous peuvent faire arriver à la perfection. Mes chères Filles, vous avez mieux fait que tous ceux-là, car encore qu'ils se puissent sauver chacun selon sa vocation, bien qu'avec grande peine, ils sont si enfoncés dans la terre, dans les richesses, dans les vanités, que malaisément ils s'acquittent de leurs devoirs envers Dieu ; bienheureux néanmoins sont-ils si, parmi tant d'empêchements, ils suivent Notre Seigneur selon leur capacité. […]

Il y a plusieurs sacrements en la sainte Église pour acheminer un chacun à la perfection : le sacrement du baptême pour nous laver et purger de tous nos péchés, celui de confirmation pour nous fortifier, et ainsi des autres ; celui de l'ordre pour nous enseigner et celui du mariage pour multiplier les fidèles. Mais il y a une autre sorte de vie plus parfaite que tout cela, laquelle est une école de la perfection, où l'on est plus totalement et plus facilement à Notre Seigneur : c'est la vie monastique et religieuse que vous avez choisie afin de vous rendre plus agréables à Sa divine Majesté, car il ne faut point avoir d'autre prétention. Vous serez bienheureuses si vous y persévérez et si vous tenez toutes choses pour un vrai néant ; et souvenez-vous que ce que vous avez quitté n'est rien au prix de ce que vous possédez.

Sermon de vêture, 21 mars 1621

Les amours de Notre Seigneur ont, au-dessus de tous les plaisirs terriens, une force incomparable et une propriété indicible pour récréer le cœur humain, non seulement plus que toute autre chose, mais rien n'est capable de lui donner un parfait contentement que le seul amour de Dieu. Prenez, si vous voulez, tous les plus grands de la terre et considérez leur condition les uns après les autres ; vous verrez qu'ils ne

---

91. Mt 16, 24.

sont jamais vraiment satisfaits, car s'ils sont riches et élevés aux plus hautes dignités du monde, ils en désirent toujours davantage. […]

L'homme se plaît extrêmement à faire un grand trafic en cette vie pour trouver du contentement et du repos, et pour l'ordinaire ce trafic est vain, d'autant qu'il n'en tire nulle utilité. N'estimerait-on pas bien fou et de peu de jugement un marchand qui travaillerait beaucoup à faire quelque commerce dont il ne lui reviendrait que de la peine ? Donc, je vous prie, ceux dont l'entendement étant éclairé de la lumière céleste, savent assurément qu'il n'y a que Dieu seul qui puisse donner un vrai contentement à leurs cœurs, ne font-ils pas un trafic inutile en logeant leurs affections dans les créatures inanimées ou bien dans des hommes comme eux ? Les biens terriens, les maisons, l'or et l'argent, les richesses, voire les honneurs, les dignités que notre ambition nous fait rechercher si éperdument, ne sont-ce pas des trafics vains ? Tout cela étant périssable, n'avons-nous pas grand tort d'y loger notre cœur, puisque, au lieu de lui donner un vrai repos et quiétude, il lui fournit des sujets d'empressement et d'inquiétude très grande, soit pour les conserver si on les a, soit pour les accroître ou acquérir si on ne les a pas ? […] Les Chérubins et les Séraphins n'ont aucun pouvoir de nous agrandir ni de nous donner un contentement parfait, d'autant que Dieu s'est réservé cela, ne voulant pas que nous trouvions à loger notre amour hors de lui, tant il en est jaloux. […] Les créatures, fussent-elles des plus hautes et relevées et même des anges, fussent-elles des frères ou des sœurs, elles ne nous sauraient satisfaire ni contenter. Dieu a mis en notre pouvoir l'acquisition de son pur amour qui nous peut infiniment élever au-dessus de nous-même, il le donne à qui lui donne le sien : pourquoi donc nous amusons-nous autour des créatures, espérant quelque chose au trafic que nous ferons en la recherche de leurs affections ?

Sermon de profession, 25 mars 1621

8. 2. Quand notre vocation est dans le siècle

⇨ Texte complémentaire 3. 1.

8. 2. 1. Bien dans sa tête et bien dans sa peau

Saint Paul veut que les femmes dévotes (il en faut autant dire des hommes) soient revêtues *d'habits bienséants, se parant avec pudicité et sobriété*[92]. Or, la bienséance des habits et autres ornements dépend de la matière, de la forme et de la propreté. Quant à la propreté, elle doit presque toujours être égale en nos habits, sur lesquels, tant qu'il est possible, nous ne devons laisser aucune sorte de souillure et saleté. La propreté extérieure représente en quelque façon l'honnêteté intérieure. Dieu même requiert l'honnêteté corporelle en ceux qui s'approchent de ses autels et qui ont la charge principale de la dévotion[93].

Quant à la matière et à la forme des habits, la bienséance se considère par plusieurs circonstances du temps, de l'âge, des qualités, des compagnies, des occasions. On se pare ordinairement mieux les jours de fête, selon la grandeur du jour qui se célèbre ; en temps de pénitence, comme en carême, on s'en abstient bien fort ; aux noces on porte les robes nuptiales, et aux assemblées funèbres, les robes de deuil ; auprès des princes on rehausse sa mise, laquelle on doit abaisser parmi les gens de sa maison. La femme mariée se peut et doit orner auprès de son mari, quand il le désire ; si elle en fait de

---

92. I P 3, 4.
93. Allusion à Ex 28, 42-43.

même quand elle en est éloignée, on demandera quels yeux elle veut favoriser avec ce soin particulier. On permet plus de coquetterie aux filles, parce qu'il leur est permis de désirer être agréables à plusieurs, quoique ce ne soit qu'afin d'en gagner un par un saint mariage. On ne trouve pas non plus mauvais que les veuves à marier se parent quelque peu, pourvu qu'elles ne fassent point paraître de folâtrerie, d'autant qu'ayant déjà été mères de famille, et passé par les regrets du veuvage, on tient leur esprit pour mûr et tempéré. Mais quant aux vraies veuves, qui le sont non seulement de corps mais aussi de cœur, nul ornement ne leur est convenable, sinon l'humilité, la modestie et la dévotion ; car si elles veulent donner de l'amour aux hommes, elles ne sont pas de vraies veuves, et si elles n'en veulent pas donner, pourquoi en portent-elles les outils ? Qui ne veut recevoir les hôtes, il faut qu'il ôte l'enseigne de son logis. On se moque toujours des vieilles gens quand ils veulent faire les jolis : c'est une folie qui n'est supportable qu'à la jeunesse.

Soyez propre, Philothée ; qu'il n'y ait rien sur vous de traînant et mal agencé : c'est un mépris de ceux avec lesquels on converse d'aller chez eux en habit désagréable ; mais gardez-vous bien des afféteries, vanités, curiosités et folâtreries. Tenez-vous toujours, tant qu'il vous sera possible, du côté de la simplicité et modestie, qui est sans doute le plus grand ornement de la beauté et la meilleure excuse pour la laideur. […] Pour moi, je voudrais que mon dévot et ma dévote fussent toujours les mieux habillés de la troupe, mais les moins pompeux et affétés, et comme il est dit au proverbe, qu'ils fussent parés de grâce, bienséance et dignité. Saint Louis dit en un mot que l'on se doit vêtir selon son état, en sorte que les sages et bons ne puissent dire : « Vous en faites trop », ni les jeunes gens : « Vous en faites trop peu. » Mais en cas que les jeunes ne se veuillent pas contenter de la bienséance, il se faut arrêter à l'avis des sages.

Introduction à la vie dévote, III, 25

8. 2. 2. Le « qu'en dira-t-on ? »

L'humilité consent bien à l'avertissement du Sage qui nous admoneste d'*avoir soin de notre renommée*[94]. [...] Il est vrai que l'humilité mépriserait la renommée si la charité n'en avait besoin ; mais parce qu'elle est l'un des fondements de la société humaine, et que sans elle nous sommes non seulement inutiles mais dommageables au public à cause du scandale qu'il en reçoit, la charité requiert et l'humilité agrée que nous la désirions et conservions précieusement.

Outre cela, comme les feuilles des arbres, qui d'elles-mêmes n'ont pas beaucoup de prix, servent néanmoins de beaucoup, non seulement pour les embellir mais aussi pour conserver les fruits tandis qu'ils sont encore tendres, ainsi la bonne renommée, qui de soi-même n'est pas une chose fort désirable, ne laisse pas d'être très utile, non seulement pour l'ornement de notre vie, mais aussi pour la conservation de nos vertus, et principalement des vertus encore tendres et faibles : l'obligation de maintenir notre réputation et d'être tels que l'on nous estime, force un courage généreux d'une puissante et douce violence. Conservons nos vertus, ma chère Philothée, parce qu'elles sont agréables à Dieu, grand et souverain objet de toutes nos actions ; mais comme ceux qui veulent garder les fruits ne se contentent pas de les confire, mais les mettent dans des vases propres à leur conservation, de même, bien que l'amour divin soit le principal conservateur de nos

---

94. *Cf.* Si 33, 22.

vertus, toujours est-il que nous pouvons encore employer la bonne renommée comme fort propre et utile à cela.

Il ne faut pas pourtant que nous soyons trop ardents, exacts et pointilleux à cette conservation, car ceux qui sont si douillets et sensibles pour leur réputation ressemblent à ceux qui, pour toutes sortes de petites incommodités, prennent des médecines ; car ceux-ci, pensant conserver leur santé, la gâtent tout à fait, et ceux-là, voulant maintenir si délicatement leur réputation, la perdent entièrement ; car par cette tendreté ils se rendent bizarres, mutins, insupportables, et provoquent la malice des médisants. La dissimulation et le mépris de l'injure et de la calomnie est pour l'ordinaire un remède beaucoup plus salutaire que le ressentiment, la contestation et la vengeance : le mépris les fait évanouir ; si l'on s'en courrouce, il semble qu'on les avoue. Les crocodiles n'endommagent que ceux qui les craignent, et assurément la médisance que ceux qui s'en mettent en peine. La crainte excessive de perdre la renommée témoigne une grande défiance du fondement de celle-ci, qui est la vérité d'une bonne vie. Les villes qui ont des ponts de bois sur des grands fleuves craignent qu'ils ne soient emportés à toutes sortes de débordements, mais celles qui les ont de pierre n'en sont en peine que pour des inondations extraordinaires : ainsi ceux qui ont une âme solidement chrétienne méprisent ordinairement les débordements des langues injurieuses ; mais ceux qui se sentent faibles s'inquiètent à tout propos. Certes, Philothée, qui veut avoir de la réputation envers tous, la perd envers tous ; et il mérite de perdre l'honneur, celui qui le veut prendre de ceux que les vices rendent vraiment infâmes et déshonorés.

La réputation n'est que comme une enseigne qui fait connaître où la vertu loge ; la vertu doit donc être en tout et partout préférée. C'est pourquoi, si l'on dit que vous êtes un hypocrite parce que vous vous rangez à la dévotion, si l'on vous tient pour homme de bas courage parce que vous avez pardonné l'injure, moquez-vous de tout cela. Car, outre que de tels jugements se font par des niaises et sottes gens, quand on devrait perdre la renommée, il ne faudrait pas pour cela quitter la vertu ni se détourner du chemin de celle-ci, d'autant qu'il faut préférer le fruit aux feuilles, c'est-à-dire le bien intérieur et spirituel à tous les biens extérieurs. Il faut être jaloux, mais non pas idolâtres de notre renommée ; et comme il ne faut offenser l'œil des bons, aussi ne faut-il pas vouloir contenter celui des malins.

Introduction à la vie dévote, III, 7

8. 2. 3. La fierté d'être chrétien

Le vrai dévot n'a pas honte de l'être. À l'époque de François de Sales, être un vrai chrétien dans le monde n'était pas plus confortable qu'aujourd'hui. Sans ostentation mais sans complexe, la solution salésienne sera comme toujours, non pas le compromis, mais le juste milieu : s'affirmer chrétien, mais sans partir en croisade et sans agressivité envers ceux qui n'ont pas la chance de l'être.

Faites profession ouverte de vouloir être dévote ; je ne dis pas d'être dévote, mais je dis de le vouloir être, et n'ayez point de honte des actions communes et requises qui nous conduisent à l'amour de Dieu. Avouez hardiment que vous vous essayez de méditer, que vous aimeriez mieux mourir que de pécher mortellement, que vous voulez fréquenter les sacrements et suivre les conseils de votre directeur (bien que souvent il ne soit pas nécessaire de le nommer, pour plusieurs raisons). Car cette franchise de confesser qu'on veut servir Dieu et qu'on s'est consacré à son amour d'une spéciale affection est fort agréable à Sa divine Majesté, qui ne veut point que l'on ait honte de lui ni de sa Croix ; et puis, elle coupe chemin à beaucoup de sollicitations que le monde voudrait faire dans le cas contraire, et nous oblige sous peine de perdre notre réputation à y être fidèle. Les philosophes se publiaient pour philosophes, afin qu'on les laissât vivre philosophiquement, et nous devons nous faire connaître pour désireux de la dévotion, afin qu'on nous laisse vivre dévotement. Que si quelqu'un vous dit que l'on peut vivre dévotement sans la pratique de ces avis et exercices, ne le niez pas, mais répondez aimablement que votre infirmité est si grande qu'elle requiert plus d'aide et de secours qu'il n'en faut pour les autres.

Introduction à la vie dévote, V, 18

Tout aussitôt que les mondains s'apercevront que vous voulez suivre la vie dévote, ils décocheront sur vous mille traits de leur ironie et médisance : les plus malins calomnieront votre changement d'hypocrisie, bigoterie et artifices ; ils diront que le monde vous a fait mauvais visage et qu'à son refus vous recourez à Dieu ; vos amis s'empresseront à vous faire un monde de remontrances, fort prudentes et charitables à leur avis : « Vous tomberez, diront-ils, en quelque humeur mélancolique, vous perdrez votre crédit dans le monde, vous vous rendrez insupportable, vous vieillirez avant le temps, vos affaires domestiques en pâtiront ; il faut vivre au monde comme au monde, on peut bien faire son salut sans tant de mystères… » et mille bagatelles.

Ma Philothée, tout cela n'est qu'un sot et vain babil ; ces gens-là n'ont nul soin ni de votre santé ni de vos affaires. *Si vous étiez du monde*, dit le Sauveur, *le monde aimerait ce qui est sien ; mais parce que vous n'êtes pas du monde, partant il vous hait*[95]. Nous avons vu des gentilshommes et des dames passer la nuit entière, et même plusieurs nuits de suite, à jouer aux échecs et aux cartes. Y a-t-il une attention plus chagrine, plus mélancolique et plus sombre que celle-là ? Les mondains néanmoins ne disaient mot, les amis ne se mettaient point en

---

95. Jn 15, 19.

peine ; et pour la méditation d'une heure, ou pour nous voir lever un peu plus matin qu'à l'ordinaire pour nous préparer à la communion, chacun court au médecin pour nous faire guérir de l'humeur hypocondriaque et de la jaunisse. On passera trente nuits à danser, nul ne s'en plaint ; et pour la veille seule de la nuit de Noël, chacun tousse et crie qu'il a mal au ventre le jour suivant. Qui ne voit que le monde est un juge inique, gracieux et favorable pour ses enfants, mais âpre et rigoureux aux enfants de Dieu ?

Nous ne saurions être bien avec le monde qu'en nous perdant avec lui. Il n'est pas possible que nous le contentions, car il est trop bizarre : *Jean est venu*, dit le Sauveur, *ne mangeant ni buvant, et vous dites qu'il est endiablé ; le Fils de l'homme est venu en mangeant et buvant, et vous dites qu'il est Samaritain*[96]. Il est vrai, Philothée, si nous nous relâchons par condescendance à rire, jouer, danser avec le monde, il s'en scandalisera ; si nous ne le faisons pas, il nous accusera d'hypocrisie ou mélancolie ; si nous nous habillons avec élégance, il l'interprétera à quelque dessein ; si nous ne sommes pas élégants, ce sera pour lui vileté de cœur ; nos gaietés seront par lui nommées dissolutions, et nos mortifications tristesses, et nous regardant ainsi de mauvais œil, jamais nous ne pouvons lui être agréables. Il agrandit nos imperfections et publie que ce sont des péchés ; de nos péchés véniels il en fait des mortels, et nos péchés d'infirmité, il les convertit en péchés de malice.

Au lieu que, comme dit saint Paul, *la charité est bénigne*[97], au contraire le monde est malin ; au lieu que *la charité ne pense point de mal*, au contraire le monde pense toujours mal, et quand il ne peut accuser nos actions il accuse nos intentions. Soit que les moutons aient des cornes ou qu'ils n'en aient point, qu'ils soient blancs ou qu'ils soient noirs, le loup

---

96. *Cf.* Mt 11, 19 ; Mt 8, 48.
97. I Co 13, 4.

ne laissera pas de les manger s'il peut. Quoi que nous fassions, le monde nous fera toujours la guerre : si nous sommes longuement devant le confesseur, il demandera ce que nous pouvons tant dire ; si nous y sommes peu, il dira que nous ne disons pas tout. Il épiera tous nos mouvements, et pour une seule petite parole de colère il protestera que nous sommes insupportables ; le soin de nos affaires lui semblera avarice, et notre douceur, niaiserie ; et quant aux enfants du monde, leurs colères sont générosités, leurs avarices, épargnes, leurs privautés, entretiens honorables : les araignées gâtent toujours l'ouvrage des abeilles.

Laissons cet aveugle, Philothée : qu'il crie tant qu'il voudra, comme un chat huant, pour inquiéter les oiseaux du jour. Soyons fermes en nos desseins, invariables en nos résolutions ; la persévérance fera bien voir si c'est solidement et tout de bon que nous sommes sacrifiés à Dieu et rangés à la vie dévote. Les comètes et les planètes sont presque également lumineuses en apparence, mais les comètes disparaissent en peu de temps, n'étant dues qu'à certains feux passagers, et les planètes ont une clarté perpétuelle : ainsi l'hypocrisie et la vraie vertu ont beaucoup de ressemblance en l'extérieur, mais on reconnaît aisément l'une d'avec l'autre parce que l'hypocrisie n'a point de durée et se dissipe comme la fumée en montant, mais la vraie vertu est toujours ferme et constante. Ce ne nous est pas une petite commodité pour bien assurer le commencement de notre dévotion, que d'en recevoir de l'opprobre et de la calomnie ; car nous évitons par ce moyen le péril de la vanité et de l'orgueil, qui sont comme les sages-femmes d'Égypte auxquelles le Pharaon infernal a ordonné de tuer les enfants mâles d'Israël le jour même de leur naissance[98]. Nous sommes

---

98. *Cf.* Ex 1, 16.

crucifiés au monde et *le monde* nous doit être *crucifié*[99]; il nous tient pour fous, tenons-le pour insensé.

Introduction à la vie dévote, IV, 1

Et cela vaut particulièrement dans les situations plus exposées, telle que celle du jeune Celse-Bénigne, aîné des enfants de Jeanne de Chantal, obligé de vivre dans le milieu particulièrement corrompu et corrupteur de la cour. Mais là où nous attendrions une leçon de morale, le saint évêque prêche « la piété et la sainte dévotion », la vraie vertu étant surnaturelle et la simple cohérence chrétienne étant le plus beau des témoignages :

Je voudrais que d'abord, en devis et maintien et en conversation, vous fissiez profession ouverte et expresse de vouloir vivre vertueusement, judicieusement, constamment et chrétiennement. Je dis vertueusement, afin qu'aucun ne prétende de vous engager aux débauches. Judicieusement, afin que vous ne fassiez pas des signes extrêmes, en l'extérieur, de votre intention, mais tels seulement que, selon votre condition, ils ne puissent être censurés des sages. Constamment, parce que, si vous ne témoignez pas avec persévérance une volonté égale et inviolable, vous exposerez vos résolutions aux desseins et attaques de plusieurs misérables âmes qui attaquent les autres pour les réduire à leur train. Et je dis enfin chrétiennement, pour ce que plusieurs font profession de vouloir être vertueux à la philosophique, qui néanmoins ne le sont ni ne le peuvent être en façon quelconque, et ne sont autre chose que certains fantômes de vertu, couvrant à ceux qui ne les hantent pas leurs mauvaise vie et humeurs par des cérémonieuses contenances et paroles. Mais nous, qui savons bien que nous ne saurions avoir un seul brin de vertu que par la grâce de Notre Seigneur, nous devons employer la piété et la sainte dévotion pour vivre vertueusement ; autrement, nous n'aurons des ver-

---

99. Ga 6, 14.

tus qu'en imagination et en ombre. Or, il importe infiniment de se faire connaître de bonne heure tel qu'on veut être toujours ; et en cela, il ne faut pas marchander.

Il vous importera aussi infiniment de faire quelques amis de même intention, avec lesquels vous puissiez vous entreporter et fortifier. [...] Je pense que vous trouverez bien aux Jésuites, ou aux Capucins, ou aux Feuillants, ou même hors des monastères, quelque esprit courtois qui se réjouira si quelquefois vous l'allez voir pour vous recréer et prendre haleine spirituelle.

Lettre à Celse-Bénigne de Chantal, 8 décembre 1610

8. 2. 4. Tenir sa place, rien que sa place, toute sa place

Nous appelons vaine la gloire qu'on se donne ou pour ce qui n'est pas en nous, ou pour ce qui est en nous mais non pas à nous, ou pour ce qui est en nous et à nous, mais qui ne mérite pas qu'on s'en glorifie. La noblesse de la race, la faveur des grands, l'honneur populaire, ce sont choses qui ne sont pas en nous, mais ou en nos prédécesseurs, ou en l'estime d'autrui. Il y en a qui se rendent fiers et prétentieux pour être sur un bon cheval, pour avoir un panache en leur chapeau, pour être habillés somptueusement ; mais qui ne voit cette folie ? car s'il y a de la gloire pour cela, elle est pour le cheval, pour l'oiseau et pour le tailleur ; et quelle mesquinerie que d'emprunter son estime d'un cheval, d'une plume, d'un goderon ! Les autres se prennent au sérieux et se montrent pour des moustaches relevées, pour une barbe bien peignée, pour des cheveux crêpés, pour des mains douillettes, pour savoir danser, jouer, chanter ; mais ne sont-ils pas mesquins, de vouloir augmenter leur valeur et donner du surcroît à leur réputation par des choses si frivoles et folâtres ? Les autres, pour un peu de science, veulent être honorés et respectés du monde, comme si chacun devait aller à l'école chez eux et les tenir pour maîtres ; c'est pourquoi on les appelle pédants. Les autres se pavanent sur la considération de leur beauté, et croient que tout le monde les flatte. Tout cela est extrêmement vain, sot et impertinent, et la gloire qu'on prend de si faibles sujets s'appelle vaine, sotte et frivole.

[...] Si nous sommes pointilleux pour les rangs, pour les préséances, pour les titres, outre que nous exposons nos qualités à l'examen, à l'enquête et à la contradiction, nous les rendons viles et abjectes ; car l'honneur qui est beau quand il est reçu en don, devient vilain quand il est exigé, recherché et demandé. Quand le paon fait sa roue pour se faire voir, en levant ses belles plumes il se hérisse de tout le reste, et montre partout ce qu'il a d'infâme ; les fleurs qui sont belles plantées en terre, se flétrissent quand on les prend en main. Et comme ceux qui odorent la mandragore de loin et en passant reçoivent beaucoup de suavité, mais ceux qui la sentent de près et longuement en deviennent assoupis et malades, ainsi les honneurs rendent une douce consolation à celui qui les odore de loin et légèrement, sans s'y arrêter ou s'en empresser ; mais à qui s'y affectionne et s'en repaît, ils sont extrêmement blâmables et critiquables.

La poursuite et l'amour de la vertu commencent à nous rendre vertueux ; mais la poursuite et l'amour des honneurs commencent à nous rendre méprisables et critiquables. Les esprits bien nés ne s'amusent pas à ces menus fatras de rangs, d'honneurs, de salutations ; ils ont d'autres choses à faire : c'est le propre des esprits fainéants. Qui peut avoir des perles ne se charge pas de coquilles, et ceux qui prétendent à la vertu ne s'empressent point pour les honneurs, même si chacun peut entrer en son rang et s'y tenir sans violer l'humilité, pourvu que cela se fasse sans y attacher d'importance et sans contention. Car, comme ceux qui viennent du Pérou, outre l'or et l'argent qu'ils en tirent, apportent aussi des singes et des perroquets, parce qu'ils ne leur coûtent guère et ne chargent pas non plus beaucoup leur navire, ainsi ceux qui prétendent à la vertu ne laissent pas prendre leurs rangs et les honneurs qui leur sont dus, pourvu toutefois que cela ne leur coûte pas beaucoup de soin et d'attention, et que ce soit sans en être chargés de trouble, d'inquiétude, de disputes et contentions.

Introduction à la vie dévote, III, 4

8. 2. 5. L'élégance de s'excuser

Il y a des fautes qui ne comportent pas d'autre mal que la seule abjection[100] ; et l'humilité ne requiert pas qu'on les fasse expressément, mais elle requiert bien qu'on ne s'inquiète point quand on les aura commises : telles sont certaines sottises, incivilités et inadvertances. Celles-ci, de même qu'il faut les éviter avant qu'elles soient faites pour obéir à la civilité et prudence, il faut qu'une fois faites nous acquiescions à l'abjection qui nous en revient, et l'accepter de bon cœur pour suivre la sainte humilité. Je dis bien davantage : si je me suis déréglé par colère ou par relâchement à dire des paroles indécentes et par lesquelles Dieu et le prochain sont offensés, je me repentirai vivement et serai extrêmement marri de l'offense, laquelle je m'essaierai de réparer le mieux qu'il me sera possible ; mais je ne laisserai pas d'agréer l'abjection et le mépris qui m'en arrive, et si l'un se pouvait séparer d'avec l'autre, je rejetterais ardemment le péché et garderais humblement l'abjection.

Introduction à la vie dévote, III, 6

---

100. Nous dirions aujourd'hui *confusion* : « Tombant dans la rue, outre le mal, l'on en reçoit de la honte : il faut aimer cette abjection » (*Introduction à la vie dévote*, III, 6).

8. 2. 6. Des loisirs innocents aux loisirs périlleux…

Il est forcé de relâcher quelquefois notre esprit, et notre corps encore, à quelque sorte de récréation. […] C'est un vice, sans doute, que d'être si rigoureux, rustique et sauvage qu'on ne veuille prendre pour soi ni permettre aux autres aucune sorte de récréation.

Prendre l'air, se promener, s'entretenir de devis joyeux et amiables, sonner du luth ou autre instrument, chanter en musique, aller à la chasse, ce sont récréations si honnêtes que pour en bien user, il n'est besoin que de la commune prudence, qui donne à toutes choses le rang, le temps, le lieu et la mesure.

Les jeux dans lesquels le gain sert de prix et récompense à l'habilité et industrie du corps ou de l'esprit, comme les jeux de la paume, ballon, pêle-mêle, les courses à la bague, les échecs, les tables, ce sont récréations de soi-même bonnes et loisibles. Il se faut seulement garder de l'excès, soit au temps que l'on y emploie, soit au prix que l'on y met ; car si l'on y emploie trop de temps, ce n'est plus récréation, c'est occupation : on n'allège pas ni l'esprit, ni le corps, au contraire on l'étourdit, on l'accable. Ayant joué cinq ou six heures aux échecs, au sortir on est tout recru et las d'esprit ; jouer longuement à la paume, ce n'est pas se recréer le corps, mais l'accabler.

Si le prix, c'est-à-dire ce qu'on joue, est trop grand, les affections des joueurs se dérèglent, et outre cela, c'est chose injuste de mettre de grands prix à des habiletés et industries de si peu d'importance et si inutiles, comme sont les habiletés des jeux.

Mais surtout prenez garde, Philothée, de ne point attacher votre affection à tout cela ; car pour honnête que soit une récréation, c'est vice d'y mettre son cœur et son affection. Je ne dis pas qu'il ne faille prendre plaisir à jouer pendant que l'on joue, car autrement on ne se recréerait pas ; mais je dis qu'il ne faut pas y mettre son affection pour le désirer, pour y perdre son temps et y mettre son empressement.

Les jeux de dés, de cartes et semblables, desquels le gain dépend principalement du hasard, ne sont pas seulement des récréations dangereuses, comme les danses, mais elles sont simplement et naturellement mauvaises et blâmables. [...] Car le gain qui doit être le prix de l'industrie, est rendu le prix du sort, qui ne mérite nul prix puisqu'il ne dépend nullement de nous.

Introduction à la vie dévote, III, 31-32

…mais parfois tolérables

Les danses et bals sont choses indifférentes de leur nature ; mais selon l'ordinaire façon avec laquelle cet exercice se fait, il est fort penchant et incliné du côté du mal, et par conséquent plein de danger et de péril. [...] Je vous dis des danses, Philothée, comme les médecins disent des potirons et champignons : les meilleurs n'en valent rien, disent-ils ; et je vous dis que les meilleurs bals ne sont guère bons. Si néanmoins il faut manger des potirons, prenez garde qu'ils soient bien apprêtés : si par quelque occasion de laquelle vous ne puissiez pas vous bien excuser, il faut aller au bal, prenez garde que votre danse soit bien apprêtée. Mais comment faut-il qu'elle soit accommodée ? de modestie, de dignité et de bonne intention. Mangez-en peu et peu souvent, disent les médecins parlant des champignons, car, pour bien apprêtés qu'ils soient, la quantité leur sert de venin : dansez peu et peu souvent, Philothée, car faisant autrement vous vous mettrez en danger de vous y affectionner.

Pour jouer et danser de façon permise, il faut que ce soit par récréation et non par affection. [...] Dansez et jouez quand, pour condescendre et complaire à l'honnête conversation en laquelle vous serez, la prudence et la discrétion vous le conseilleront ; car la condescendance, comme surgeon de la charité, rend les choses indifférentes bonnes, et les dangereuses, permises. Elle ôte même la malice à celles qui sont quelque peu mauvaises : c'est pourquoi les jeux de hasard, qui autrement seraient blâmables, ne le sont pas si quelquefois la juste condescendance nous y porte.

Introduction à la vie dévote, III, 33-34

Chapitre 9

Le dévot et son curé

Entre les guerres de religion de sa jeunesse, l'affrontement avec les protestants dans son premier ministère, et l'état souvent lamentable du clergé savoyard de son époque, François de Sales a expérimenté la misère de l'institution ecclésiastique, sinon de l'Église. Sa correspondance et ses sermons nous montrent une aisance dans les affaires religieuses qui repose sur quelques principes clairs et solides, associés à une grande souplesse, voire à une grande tolérance, dès que l'essentiel n'est pas en cause.

9. 1. La tentation d'une Église irréelle

Ce sermon est l'un des tout premiers de François, au moment où il s'est porté volontaire pour la reconquête catholique du Chablais. Face aux protestants, c'est avec l'Écriture qu'il lui fallait argumenter, au nom du principe de la sola Scriptura *de ses adversaires, et nous le voyons parfaitement capable de s'y prêter ; mais il dénonce surtout le simplisme de positions doctrinales qui ne sont souvent que des prétextes à des prises de pouvoir dans l'Église, ou à la recherche d'accommodements avec les exigences de l'Évangile. Au-delà des débats liés à la Réforme et à la Contre-réforme, l'évêque de Genève nous éclaire sur les divisions de tous les temps entre chrétiens :*

Ceux qui se sont départis jusques à présent de l'Église, ont pris diverses excuses par les deux extrémités pour couvrir la faute qu'ils avaient faite de n'y point demeurer, et la mauvaise affection de n'y point retourner ; car les uns ont dit qu'elle était invisible, les autres confessant l'Église visible, ont dit qu'elle pouvait défaillir et manquer pour certain temps,

[...] les uns voulant faire l'Église tellement parfaite qu'elle soit toute spirituelle et invisible, les autres, la faire si imparfaite, que non seulement elle soit visible, mais encore corruptible : semblables à leurs anciens devanciers hérétiques, desquels les uns voulaient tellement diviniser Notre Seigneur qu'ils niaient son humanité, les autres tellement l'humaniser qu'ils en niaient la divinité.

[...] Or, ce qu'elle-même fait voir par expérience, je m'efforcerai à vous le faire voir par discours, produisant les bons et indubitables titres qu'elle a pour sa visibilité et incorruption, qui est le gros du procès que nous avons avec nos adversaires. L'Église donc, auditoire chrétien, fait assez paraître par effet qu'elle est visible, incorruptible et immortelle, se faisant voir partout, toute telle qu'elle avait été prédite par Notre Seigneur, ses apôtres et les prophètes ; et il me semble bien que cette preuve seule pouvait suffire à qui ne voudrait pas être contentieux et opiniâtre. Mais pour ne laisser aucune occasion en arrière pour faire reconnaître l'Église, je vous apporterai maintenant des preuves très certaines et très claires comme elle est visible.

Et pour le premier point, je demande à nos adversaires où ils trouveront jamais en l'Écriture que l'Église soit invisible ; où trouveront-ils que, quand il est parlé d'Église, il s'entende une assemblée ou convocation invisible. Jamais cela ne fut, jamais ils ne le trouveront[101]. [...]

Au commencement [de la Réforme], on n'entendait autre parole sinon : *Verbum Domini, verbum Domini*[102] *!* Et maintenant, sans aucune apparence de l'Écriture, au contraire, contre la phrase ordinaire de l'Écriture, ils veulent faire une chimère en l'Église. [...] Ah ! mes Frères, c'est le dessein du diable de la rendre invisible, afin de nous soustraire de son obéissance, afin de

---

101. Saint François insère ici un abondant dossier biblique que nous omettons.
102. « Parole du Seigneur, parole du Seigneur ! »

nous ôter la liberté de nous réfugier vers elle, et à elle le pouvoir de nous parler, nous instruire, nous montrer nos fautes, de nous corriger et nous mettre dans notre devoir !

Sermon de fin septembre 1594

9. 2. Les trois piliers de la foi : l'Écriture, la Tradition, l'Église

Le génie de saint François de Sales rend tellement claires les questions les plus embrouillées, que l'on oublie souvent qu'il est un immense théologien. Nous donnons ici un échantillon de l'aisance avec laquelle il ramène à ses données simples le problème central à son époque du rapport entre Écriture et Tradition sous l'autorité doctrinale de l'Église :

D'abord et en elle-même, toute la doctrine chrétienne est Tradition. C'est, en effet, le Christ Notre Seigneur qui est l'auteur de la doctrine chrétienne : or, lui-même n'a rien écrit, si ce n'est quelques caractères lorsqu'il absolvait la femme adultère ; caractères qu'il n'a pas même voulu que nous connussions, et que, pour ce motif, il traça sur la terre. Bien plus, il n'a pas ordonné d'écrire, si ce n'est ce qu'il voulait apprendre aux évêques d'Asie. C'est pour cela qu'il a appelé sa doctrine non « Eugraphie[103] », mais Évangile, et qu'il a commandé de la transmettre surtout par la prédication ; car il n'a jamais dit : Écrivez l'Évangile à toute créature, mais il a dit : prêchez.

Par conséquent, la foi provient non de la lecture, mais de l'audition. Jésus-Christ nous l'enseigne lorsqu'il dit : *Qui vous écoute, m'écoute.* […] Ainsi encore saint Paul : *Gardez les*

---

103. C'est-à-dire : « bonne écriture », par opposition à *évangile*, « bonne nouvelle ».

traditions que vous avez apprises, soit par nos discours, soit par notre épître[104].

Ainsi donc, d'après les paroles de saint Paul, toute la doctrine se divise en deux parties : […] *soit par nos discours, soit par notre épître* ; […] l'Église catholique veut toute la Parole de Dieu, Écritures et traditions.

[…] Les hérétiques disent : « Les Écritures ne suffisent-elles pas ? Ne sont-elles pas suffisantes et surabondantes ? » Assurément, je ne voudrais pas dire avec de très illustres et très doctes personnages qu'elles ne suffisent pas. Oui, elles suffisent ; c'est nous qui ne suffisons pas à puiser la doctrine catholique dans les seules Écritures prises isolément. Voyez tous les hérétiques, les Hébreux eux-mêmes et d'autres, n'ont-ils pas eu l'Écriture ? Et pourtant, ils n'ont pas cru ; bien plus, ils sont tombés dans l'erreur. La Tradition est donc nécessaire ; et l'idée de vouloir puiser la doctrine au souffle de l'Esprit Saint est tout à fait insensée ; on attribuerait aux Écritures autant de significations qu'il y a de têtes. Il faut donc étudier ce *dépôt*, suivre les enseignements de *la foi transmise une fois pour toutes aux saints*[105], écouter l'Église qui en est la dépositaire. Elle n'invente pas la doctrine, elle la conserve fidèlement. L'Église suffit, parce qu'elle nous donne l'Écriture ; la Tradition suffit, parce qu'elle recommande l'Écriture ; l'Écriture suffit, parce qu'elle recommande et l'Église et la Tradition. L'Église est comme la colombe : elle a deux ailes, l'Écriture et la Tradition.

Sermon du 1er mars 1617, VIII

9. 3. Vérité dans la charité

La question protestante n'était pas la seule à agiter les esprits au temps de saint François de Sales. La société civile s'émancipant de

---

104. II Th 2, 14.
105. Allusion à I Tm 6, 20.

plus en plus de la tutelle de l'Église, il faut repenser leurs rapports, comme le sous-entend l'allusion que va faire François aux écrits d'un « saint et très excellent prélat » qui n'est autre que saint Robert Bellarmin, mandaté malgré lui par le Pape pour combattre l'indifférence religieuse croissante du pouvoir temporel. Sur ce point encore, François fera progresser considérablement une réflexion qui aboutira finalement au décret du concile Vatican II sur la liberté religieuse. Mais c'est l'attitude spirituelle qui préside à cette réflexion qui nous intéresse ici : bienveillance envers ceux qui ne pensent pas comme nous, silence tant que la parole n'est pas indispensable, et recherche prioritaire de l'unité entre les catholiques.

Je hais par inclination naturelle, par la condition de mon éducation, par la compréhension que m'en donnent mes considérations ordinaires et, comme je pense, par l'inspiration céleste, toutes les contentions et disputes qui se font entre les catholiques et dont la fin est inutile ; et encore plus celles dont les effets ne peuvent être que des dissensions et des différents, surtout en ce temps plein d'esprits disposés aux controverses, aux médisances, aux critiques et à la ruine de la charité.

Non, je n'ai pas même trouvé à mon goût certains écrits d'un saint et très excellent prélat, dans lesquels il a touché du pouvoir indirect du pape sur les princes ; non que j'aie jugé si cela est ou s'il n'est point, mais parce qu'en cet âge ou nous avons tant d'ennemis dehors, je crois que nous ne devons rien agiter au-dedans du corps de l'Église. La pauvre mère poule qui, comme ses petits poussins, nous tient dessous ses ailes, a bien assez de peine de nous défendre du milan, sans que nous nous entrebecquetions les uns les autres et que nous lui donnions des entorses. Enfin, quand les rois et les princes auront une mauvaise impression de leur père spirituel, comme s'il les voulait surprendre et leur arracher leur autorité que Dieu, souverain Père, Prince et Roi de tous, leur a donnée en partage, qu'en adviendra-il sinon une très dangereuse aversion des cœurs ? Et quand ils croiront qu'il trahit son devoir, ne seront-ils pas grandement tentés d'oublier le leur ?

Lettre à M. Bénigne Milletot, Annecy, 1-5 septembre 1611

En cet âge qui redonde en cervelles chaudes, aiguës et contentieuses, il est malaisé de dire quelque chose qui n'offense pas ceux qui, faisant les bons valets, soit du Pape, soit des princes, ne veulent que jamais on s'arrête hors des positions extrêmes, ne regardant pas qu'on ne saurait faire pire pour un père que de lui ôter l'amour de ses enfants, ni pour les enfants que de leur ôter le respect qu'ils doivent à leur père.

[...] Je vous le dis sincèrement, ma très chère Fille : j'ai une douleur extrême au cœur de savoir que cette dispute de l'autorité du Pape soit le jouet et sujet du bavardage de tant de gens qui, peu capables de la résolution qu'on y doit prendre, au lieu de l'éclaircir la troublent, et au lieu de la décider la déchirent ; et, ce qui est le pire, en la troublant, troublent la paix de nombreuses âmes, et en la déchirant, déchirent la très sainte unanimité des catholiques, les éloignant d'autant de penser à la conversion des hérétiques.

Or, je vous ai dit tout ceci pour conclure que, quant à vous, vous ne devez en quelque façon que ce soit laisser courir votre esprit après tous ces vains discours qui se font sur cette autorité comme si cela était indifférent, mais laisser toute cette impertinente curiosité aux esprits qui s'en veulent repaître, comme les caméléons du vent.

Lettre à la présidente Brûlart, mars 1612

Chapitre 10

Le dévot dans l'exercice des responsabilités

10. 1. Accepter ou refuser les responsabilités ?

Sans doute, nous avons grand sujet de craindre quand nous recherchons les charges et les offices, soit en religion, soit ailleurs, et qu'elles nous sont données sur notre poursuite ; mais quand cela n'est point, ployons humblement le col sous le joug de la sainte obéissance, et acceptons de bon cœur le fardeau ; humilions-nous, car il le faut toujours faire, mais ressouvenons-nous toujours d'établir la générosité sur les actes de l'humilité, car autrement ces actes d'humilité ne vaudraient rien.

J'ai un extrême désir de graver en vos esprits une maxime qui est d'une utilité nonpareille : ne demander rien et ne refuser rien. Non, ne demandez rien et ne refusez rien ; recevez ce que l'on vous donnera, et ne demandez point ce que l'on ne vous présentera point ou que l'on ne vous voudra pas donner ; en cette pratique, vous trouverez la paix pour vos âmes.

Vrais entretiens spirituels, VI « De l'espérance »

Nous devons bien nous tenir en humilité à cause de nos imperfections, mais il faut que cette humilité soit le fondement d'une grande générosité, car l'une sans l'autre dégénère en imperfection. L'humilité sans générosité n'est qu'une tromperie et lâcheté de cœur qui nous fait penser que nous ne sommes bons à rien et que l'on ne doit jamais penser à nous employer à quelque grande chose ; au contraire, la générosité sans humilité n'est que présomption. Nous pouvons bien dire : « Il est vrai que je n'ai nulle vertu, ni moins les conditions propres pour être employé à telle ou telle charge » ; mais après il nous faut tellement mettre notre confiance en Dieu que nous devons croire que quand il sera nécessaire que nous les ayons et qu'il se voudra servir de nous, il ne manquera pas de nous les donner, pourvu que nous nous laissions nous-même pour nous occuper fidèlement à louer et procurer que notre prochain loue Sa divine Majesté, et que sa gloire soit augmentée le plus que nous pourrons.

Sermon LXI, 6 mars 1622

10. 2. Quand les responsabilités semblent trop lourdes

La défiance que vous avez de vous-même est bonne tandis qu'elle servira de fondement à la confiance que vous devez avoir en Dieu ; mais si jamais elle vous portait à quelque découragement, inquiétude, chagrin et mélancolie, je vous conjure de la rejeter comme la tentation des tentations ; et ne permettez jamais à votre esprit de disputer et répliquer en faveur de l'inquiétude ou de l'abattement de cœur auquel vous vous sentirez penchée, car cette simple vérité est toute certaine : que Dieu permet arriver beaucoup de difficultés à ceux qui entreprennent son service, mais jamais pourtant il ne les laisse tomber sous le faix tandis qu'ils se confient en lui. C'est, en un mot, le grand mot de votre affaire, de ne jamais employer votre esprit pour disputer en faveur de la tentation du découragement, sous quelque prétexte que ce soit, non pas même quand ce serait sous le spécieux prétexte de l'humilité.

L'humilité fait refus des charges, mais elle n'opiniâtre pas le refus ; et étant employée par ceux qui ont le pouvoir, elle ne discourt plus sur son indignité quant à cela, mais croit tout, espère tout, supporte tout avec la charité[106] ; elle est toujours simple. La sainte humilité est grande partisane de l'obéissance, et comme elle n'ose jamais penser de pouvoir chose quelconque, elle pense aussi toujours que l'obéissance peut tout ; et comme la vraie simplicité refuse humblement les charges, la vraie humilité les exerce simplement.

Lettre à la Mère de Bréchard, 22 juillet 1616

Comme il vous a chargé de ses âmes, chargez-le de la vôtre, afin qu'il porte tout lui-même, et vous et votre charge sur vous. […] Et pour bien couper chemin à tant de répliques que la prudence humaine, sous le nom d'humilité, a accoutumé de faire en telles occasions, souvenez-vous que Notre Seigneur ne veut pas que nous demandions notre pain annuel, ni mensuel, ni hebdomadaire, mais quotidien. Tâchez de faire bien aujourd'hui, sans penser au jour suivant ; puis, le jour suivant, tâchez de faire de même ; et ne pensez pas à ce que vous ferez pendant tout le temps de votre charge, mais allez de jour en jour passant votre office, sans étendre votre souci, puisque votre Père céleste qui a soin aujourd'hui, aura soin demain et passé demain de votre conduite, à mesure que, connaissant votre infirmité, vous n'espérerez qu'en sa Providence.

Lettre à la prieure du carmel de Chartres, été 1620

---

106. I Co 13, 7.

10. 3. La pratique de l'autorité

10. 3. 1. Douceur et fermeté

Il faut vraiment résister au mal et réprimer les vices de ceux que nous avons en charge, constamment et vaillamment, mais doucement et paisiblement. Rien ne mate tant l'éléphant courroucé que la vue d'un agnelet, et rien ne rompt si aisément la force des canonnades que la laine. On ne prise pas tant la correction qui sort de la passion, quoiqu'accompagnée de raison, que celle qui n'a aucune autre origine que la raison seule, car l'âme raisonnable étant naturellement sujette à la raison, elle n'est sujette à la passion que par la tyrannie ; et partant, quand la raison est accompagnée de la passion, elle se rend odieuse, sa juste domination étant avilie par la société de la tyrannie.

Les princes honorent et consolent infiniment les peuples quand ils les visitent avec un train de paix ; mais quand ils conduisent des armées, quoique ce soit pour le bien public, leurs venues sont toujours désagréables et dommageables, parce qu'encore qu'ils fassent exactement observer la discipline militaire entre les soldats, ils ne peuvent cependant jamais tant faire qu'il n'arrive toujours quelque désordre, par lequel les braves gens sont malmenés. Ainsi, tandis que la raison règne et exerce paisiblement les châtiments, corrections et répréhensions, quoique ce soit rigoureusement et exactement, chacun l'aime et l'approuve ; mais quand elle conduit avec soi l'emportement, la colère et le courroux, qui sont, dit saint Augustin, ses soldats, elle se rend plus effroyable qu'aimable, et son propre cœur en demeure toujours malmené et maltraité[107]. « Il est mieux », dit le même saint Augus-

---

107. *La Cité de Dieu*, I, XIV, 29.

tin écrivant à Profuturus[108], « de refuser l'entrée à la colère juste et équitable que de la recevoir, pour petite qu'elle soit, parce qu'étant reçue, il est malaisé de la faire sortir, d'autant qu'elle entre comme une petite pousse, et en moins de rien elle grossit et devient une poutre. » Et s'il arrive qu'elle dure jusqu'à la nuit et que le soleil se couche sur elle (ce que l'Apôtre défend[109]), se convertissant en haine, il n'y a quasi plus moyen de s'en défaire ; car elle se nourrit de mille fausses persuasions, puisque jamais nul homme courroucé ne pensa que son courroux fût injuste.

Il est donc mieux d'entreprendre de savoir vivre sans colère que de vouloir user modérément et sagement de la colère, et quand par imperfection et faiblesse nous nous trouvons surpris par elle, il est mieux de la repousser vitement que de vouloir marchander avec elle ; car pour peu qu'on lui donne de loisir, elle se rend maîtresse de la place et fait comme le serpent, qui tire aisément tout son corps où il peut mettre la tête. Mais comment la repousserai-je, me direz-vous ? Il faut, ma Philothée, qu'au premier ressentiment que vous en aurez, vous ramassiez promptement vos forces, non point brusquement ni impétueusement, mais doucement et néanmoins sérieusement ; car, comme on voit dans les audiences de nombreux sénats et parlements, que les huissiers criant « Paix, là ! » font plus de bruit que ceux qu'ils veulent faire taire, aussi arrive-t-il maintes fois que, voulant avec impétuosité réprimer notre colère, nous excitons plus de trouble en notre cœur qu'elle n'avait fait, et le cœur étant ainsi troublé ne peut plus être maître de soi même.

[…] Soudain que vous vous apercevrez avoir fait quelque acte de colère, réparez la faute par un acte de douceur, exercé promptement à l'endroit de la même personne contre laquelle

---

108. Lettre 397 à Profuturus.
109. Ep 4, 26.

vous vous serez irritée. Car tout ainsi que c'est un souverain remède contre le mensonge que de s'en dédire sur le champ, aussitôt que l'on s'aperçoit de l'avoir dit, ainsi est-ce un bon remède contre la colère de la réparer soudainement par un acte contraire de douceur ; car, comme l'on dit, les plaies fraîches sont plus aisément remédiables.

Introduction à la vie dévote, III, 8

10. 3. 2. Justice et vérité

« Plus je vais avant, plus je trouve le monde haïssable, et les prétentions des mondains vaines ; et ce qui est encore pis, plus injustes[110]*»*, écrivait François de Sales au soir de sa vie. La vie sociale quotidienne est pourtant le premier terrain de la charité fraternelle ; c'est là qu'aimer son prochain comme soi-même est à la fois le plus nécessaire et le plus difficile, c'est là, bien plus que dans des relations que nous avons choisies, que se vérifie l'authenticité de notre vie chrétienne :

> Nous accusons pour peu le prochain, et nous nous excusons en beaucoup ; nous voulons vendre fort cher, et acheter à bon marché ; nous voulons que l'on fasse justice en la maison d'autrui, et chez nous, miséricorde et connivence ; nous voulons que l'on prenne en bonne part nos paroles, et nous sommes chatouilleux et douillets à celles d'autrui. [...] En tout nous préférons les riches aux pauvres, quoiqu'ils ne soient ni de meilleure condition, ni si vertueux ; nous préférons même les mieux vêtus. Nous voulons nos droits exactement, et que les autres soient courtois à exiger les leurs ; nous gardons notre rang pointilleusement, et voulons que les autres soient humbles et accommodants ; nous nous plaignons aisément du prochain, et ne voulons qu'aucun se plaigne de nous ; ce que nous faisons pour autrui nous semble toujours beaucoup, ce qu'il fait pour nous n'est rien, nous semble-t-il.

---

110. Lettre à Jeanne de Chantal, 26 février 1620.

Bref, nous sommes comme les perdrix de Paphlagonie qui ont deux cœurs, car nous avons un cœur doux, gracieux et courtois en notre endroit, et un cœur dur, sévère et rigoureux envers le prochain. […]

Philothée, soyez égale et juste en vos actions : mettez-vous toujours à la place du prochain, et mettez-le à la vôtre, et ainsi vous jugerez bien ; rendez-vous vendeuse en achetant et acheteuse en vendant, et vous vendrez et achèterez justement. Toutes ces injustices sont petites, parce qu'elles n'obligent pas à restitution autant que nous demeurons seulement dans les termes de la rigueur en ce qui nous est favorable ; mais elles ne laissent pas de nous obliger à nous amender, car ce sont des grands défauts de raison et de charité ; et au bout de là, ce ne sont que tricheries, car on ne perd rien à vivre généreusement, noblement, courtoisement, et avec un cœur royal, égal et raisonnable. Souvenez-vous donc, ma Philothée, d'examiner souvent votre cœur s'il est tel envers le prochain comme vous voudriez que le sien fût envers vous si vous étiez à sa place, car voilà le point de la vraie raison.

Introduction à la vie dévote, III, 36

Cette douceur de François de Sales était en réalité une force. Dans les multiples responsabilités civiles et religieuses qui furent les siennes, jamais il n'a transigé sur la justice, sans laquelle il n'y a ni vérité, ni charité. On oublie souvent que malgré sa politesse raffinée et l'élégance de ses chapeaux à plume, le dix-septième siècle fut d'une rare violence, et la correspondance de François de Sales témoigne d'un monde de duels, meurtres et autres bagarres, qui recourait souvent au saint évêque pour réconcilier les adversaires et consoler les victimes. Dans la galerie des violents de l'époque, figure en bonne place le duc de Nemours, résidant au château d'Annecy, et chargé de maintenir l'ordre dans la petite cité. La lettre dont nous extrayons le passage suivant fut rédigée à l'occasion de l'injuste arrestation d'un frère de François, ce qui nous vaut ce petit traité sur la justice à l'usage des grands :

Monseigneur, je supplie très humblement Votre Grandeur de me permettre la discrète liberté que mon office me donne envers tous. Les papes, les rois et les princes sont sujets à être souvent trompés par les accusations et les dénonciations. Ils donnent quelquefois des blâmes qui sont fondés sur de faux témoignages et des dissimulations. C'est pourquoi ils renvoient ces affaires à leurs cours, sénats et conseils, afin qu'une fois les parties entendues, il soit jugé que la vérité a été tue, ou que ceux qui se plaignent ont menti, eux dont les grands titres ne servent à rien pour exempter leurs accusations de l'examen convenable, sans lequel le monde qui abonde en injustice serait tout à fait dépourvu de justice. C'est pourquoi les princes ne peuvent se dispenser de suivre cette méthode, et ils y sont obligés sous peine de damnation éternelle.

Votre Grandeur a reçu des accusations contre ces pauvres gens affligés et contre mes frères. Et elle les a reçues avec justice si elle les a reçues seulement dans ses oreilles ; mais si elle les a reçues aussi dans son cœur, elle me pardonnera si, étant non seulement son très humble et très fidèle serviteur, mais encore son très affectionné quoiqu'indigne pasteur, je lui dis qu'elle a offensé Dieu, et qu'elle est obligée de s'en repentir, même si ces accusations étaient vraies. Car aucune parole qui soit au préjudice du prochain ne doit être crue avant d'être prouvée, et elle ne peut être prouvée que par l'examen, une fois les parties entendues. Quiconque vous parle autrement, Monseigneur, trahit votre âme.

Lettre au duc de Nemours, 9 mars 1615

Chapitre 11

Le dévot et sa santé

De sa naissance à sa mort précoce, François de Sales aura été très souvent malade, d'autant que son hygiène de vie était désastreuse, et la médecine de l'époque celle de Molière. Cependant, les questions de santé sont très présentes dans la correspondance du saint évêque, et elles occupent aussi une place étonnante dans les préoccupations des visitandines. En tout cas, les petites ou grandes maladies nous donnent l'occasion de retrouver les grandes lois du salésianisme : juste milieu, confiance en Dieu, abandon à la Providence, préférence pour les solutions simples.

11. 1. Une vie simple et équilibrée

Il me semble que nous devons avoir en grande révérence la parole que notre Sauveur et Rédempteur Jésus-Christ dit à ses disciples : *Mangez ce qui sera mis devant vous*[111]. C'est, comme je crois, une plus grande vertu de manger sans choix ce qu'on vous présente et en même ordre qu'on le vous présente, que ce soit à votre goût ou que ce ne le soit pas, que de choisir toujours le pire. Car encore que cette dernière façon de vivre semble plus austère, l'autre néanmoins a plus de résignation, car par celle-ci on ne renonce pas seulement à son goût, mais encore à son choix ; et assurément, ce n'est pas une petite austérité de conformer son goût à toute main et de le tenir sujet à ce qui se présentera, ajouté à cela que cette sorte

---
111. Lc 10, 8.

de mortification ne paraît point, n'incommode personne, et convient particulièrement à la civilité. Repousser une nourriture pour en prendre une autre, critiquer et examiner toutes choses, ne trouver jamais rien de bien apprêté ni de bien net, faire des mystères à chaque morceau, cela ressent un cœur mol et attentif aux plats et aux écuelles. J'estime plus que saint Bernard bût de l'huile pour de l'eau ou du vin, que s'il eût bu de l'absinthe avec attention ; car c'était signe qu'il ne pensait pas à ce qu'il buvait.

Introduction à la vie dévote, III, 23

⇨ Texte complémentaire 3. 1.

11. 2. La maladie, occasion privilégiée de vie chrétienne

⇨ Textes complémentaires 1. 1 ; 1. 2 ; 4. 2.

11. 2. 1. La maladie, école d'abandon

Je m'avise, ma chère Fille, que vous êtes malade d'une maladie plus fâcheuse que dangereuse, et je sais que de telles maladies sont propres à gâter l'obéissance que l'on doit aux médecins. C'est pourquoi je veux vous dire que vous n'épargniez nullement ni le repos, ni les médecines, ni les nourritures, ni les récréations qui vous seront ordonnées. Vous ferez une sorte d'obéissance et de résignation en cela, qui vous rendra extrêmement agréable à Notre Seigneur ; car enfin, voilà une quantité de croix et de mortifications que vous n'avez pas choisies ni voulues. Dieu vous les a données de sa sainte main : recevez-les, baisez-les, aimez-les ! Mon Dieu, elles sont toutes parfumées de la dignité du lieu d'où elles viennent !

Lettre à une religieuse, 16 septembre 1608

Il y en a qui veulent bien avoir quelque incommodité du mal, ce leur semble, mais non pas l'avoir toute : ils ne s'impatientent pas, disent-ils, d'être malades, mais de ce qu'ils n'ont pas d'argent pour se faire soigner, ou bien de ce que ceux qui sont autour d'eux en sont importunés. Or je dis, Philothée, qu'il faut avoir patience, non seulement d'être malade, mais de l'être de la maladie que Dieu veut, au lieu où il veut, et parmi les personnes qu'il veut, et avec les incommodités qu'il veut ; et ainsi des autres tribulations.

Quand il vous arrivera du mal, opposez-lui les remèdes qui seront possibles et selon Dieu, car de faire autrement, ce serait tenter Sa divine Majesté ; mais aussi, cela étant fait, attendez avec une entière résignation le résultat que Dieu agréera. S'il lui plaît que les remèdes vainquent le mal, vous le remercierez avec humilité ; mais s'il lui plaît que le mal surmonte les remèdes, bénissez-le avec patience.

Introduction à la vie dévote, III, 3

Si je tombe malade d'une grosse fièvre, je vois en cet événement que le bon plaisir de Dieu est que je demeure en indifférence de la santé ou de la maladie ; mais la volonté de Dieu est [aussi] que j'appelle le médecin et que j'applique tous les remèdes que je puis (je ne dis pas les plus exquis, mais les communs et ordinaires). [...] Cela fait, que la maladie surmonte le remède, ou le remède surmonte le mal, il en faut être en parfaite indifférence, en telle sorte que si la maladie et la santé étaient là devant nous et que Notre Seigneur nous dît : « Si tu choisis la santé, je ne t'en ôterai pas un grain de ma grâce, si tu choisis la maladie, je ne te l'augmenterai pas aussi de rien, mais au choix de la maladie il y a un peu plus de mon bon plaisir » ; alors l'âme qui s'est entièrement délaissée et abandonnée entre les mains de Notre Seigneur choisira sans doute la maladie, pour cela seulement qu'il y a un peu plus du bon plaisir de Dieu. Oui, même quand ce serait pour demeurer toute sa vie dans un lit, sans faire autre chose que souffrir, elle ne voudrait pour rien du monde désirer un autre état que celui-là. Ainsi les saints qui sont au ciel ont une telle union avec la volonté de Dieu, que s'il y avait un peu plus de son bon plaisir en enfer, ils quitteraient le Paradis pour y aller.

[…] Cette âme ne fait rien sinon demeurer auprès de Notre Seigneur, sans avoir souci d'aucune chose, non pas même de son corps ni de son âme ; car puisqu'elle s'est embarquée sous la Providence de Dieu, qu'a-t-elle à faire de penser ce qu'elle deviendra ? Notre Seigneur, auquel elle est toute délaissée, y pensera assez pour elle... Il est bien vrai qu'il faut avoir une grande confiance pour s'abandonner ainsi sans aucune réserve à la Providence divine ; mais aussi, quand nous abandonnons tout, Notre Seigneur prend soin de tout et conduit tout.

Vrais entretiens spirituels, « De la Confiance »

Le *Pater* que vous dites pour le mal de tête n'est pas défendu ; mais, mon Dieu, ma Fille, non, je n'aurais pas le courage de prier Notre Seigneur, par le mal qu'il a en la tête, de n'avoir point de douleurs en la mienne. A-t-il enduré afin que nous n'endurions pas ? Sainte Catherine de Sienne, voyant que son Sauveur lui présentait deux couronnes, une d'or, l'autre d'épines : « Oh, je veux la douleur, dit elle, pour ce monde ; l'autre sera pour le ciel ! » Je voudrais employer le couronnement de Notre Seigneur pour obtenir une couronne de patience autour de mon mal de tête.

Lettre à une religieuse, début 1618

⇨ Textes complémentaires 10. 2 ; 10. 3.

11. 2. 2. Quand on n'est pas en forme

Ma très chère Fille, il ne faut pas être injuste, ni exiger de nous plus que ce qui est en nous. Quand nous sommes incommodés de corps et de santé, il ne nous faut exiger de notre esprit que les actes de soumission et d'acceptation de l'épreuve, et les saintes unions de notre volonté au bon plaisir de Dieu qui se forment en la cime de l'âme ; et quant aux actions extérieures, il les faut ordonner et faire au mieux que nous pouvons, et nous contenter de les faire encore que ce soit à contrecœur, avec langueur et pesamment. Et pour relever ces langueurs et pesanteurs et engourdissements de cœur, et les faire servir à l'amour divin, il faut en avouer, accepter et aimer la sainte abjection : ainsi vous changerez le plomb de votre pesanteur en or, et en un or plus fin que ne serait celui de vos plus vives gaietés de cœur. Ayez donc patience avec vous même : que votre portion supérieure supporte le détraquement de l'inférieure[112].

Lettre à une dame, 29 septembre 1620

Ma chère Fille, si vous ne faites pas de grandes oraisons au milieu de vos infirmités, faites que votre infirmité soit une oraison, en l'offrant a Celui qui a tant aimé nos infirmités,

---

112. La *partie supérieure* de l'âme est sa partie gouvernée par la raison, par opposition avec sa *partie inférieure*, siège des émotions et des passions.

qu'au jour de ses noces et *de la réjouissance de son cœur,* comme dit l'Amante sacrée[113], il s'en couronna et glorifia : faites ainsi.

Lettre à Madame de Granieu, 24 novembre 1620

Tandis que nos corps sont en douleur, il est malaisé d'élever nos cœurs à la considération parfaite de la bonté de Notre Seigneur ; cela n'appartient qu'à ceux qui, par des longues habitudes, ont leur esprit entièrement tourné du côté du ciel. Mais nous qui sommes encore tout tendres, nous avons des âmes qui se dispersent aisément en ressentant les travaux et douleurs du corps : c'est pourquoi ce n'est pas merveille si durant vos maladies, vous avez interrompu l'usage de l'oraison intérieure. Aussi suffit-il en ce temps-là d'employer les prières jaculatoires et les sacrées aspirations[114] ; car puisque le mal nous fait souvent soupirer, il ne coûte rien de plus de soupirer en Dieu, à Dieu et pour Dieu, que de soupirer pour faire des plaintes inutiles.

Lettre à Madame de Tavernay, 21 juillet 1610

Je vous prie de vous mettre en la présence de Dieu et de souffrir vos douleurs devant lui. Ne vous retenez pas de vous plaindre, mais je voudrais que ce fût à lui, avec un esprit filial, comme ferait un tendre enfant à sa mère ; car, pourvu que ce soit amoureusement, il n'y a point de danger de se plaindre, ni de demander la guérison, ni de se faire soulager. Faites seulement cela, avec amour et résignation entre les bras de la bonne volonté de Dieu.

Ne vous mettez point en peine de ne faire pas bien les actes des vertus ; car ils ne laissent pas d'être très bons, encore qu'ils soient faits langoureusement, pesamment et quasi for-

---

113. Ct 3, 11.
114. C'est-à-dire des prières brèves, comme des flèches (*jacula* en latin), et des soupirs lancés vers le ciel.

cément. Vous ne sauriez donner à Dieu que ce que vous avez, et en cette saison d'affliction, vous n'avez pas d'autre action.

Lettre à Madame de la Fléchère, 16 juillet 1608

⇨ Texte complémentaire 1. 3.

11. 2. 3. Quand on n'en peut plus du tout

Ne nous reprochons pas de ne pas aimer la croix : Jésus l'a détestée autant que nous, et c'est bien pour cela qu'elle était crucifiante ! Une fois encore, saint François de Sales va distinguer entre la partie inférieure *de l'âme, dont le fonctionnement est naturel, et sa* partie supérieure, *dont le fonctionnement devrait être surnaturel*[115]*, et le mérite de la maladie est de nous le rappeler :*

> L'âme est quelquefois tellement pressée d'afflictions intérieures, que toutes ses facultés et puissances en sont accablées par la privation de tout ce qui la peut alléger, et par l'appréhension et impression de tout ce qui la peut attrister. À l'imitation de son Sauveur, elle commence à se désoler, à craindre, à s'épouvanter, puis à éprouver une tristesse pareille à celle des mourants, au point qu'elle peut bien dire : *Mon âme est triste jusques à la mort*[116] ; et du consentement de tout son intérieur elle désire, demande et supplie que, s'il est possible, ce calice soit éloigné d'elle ; et il ne lui reste plus que la fine suprême pointe de l'esprit, laquelle, attachée au cœur et au bon plaisir de Dieu, dit par un très simple acquiescement : *Ô Père éternel, que toutefois ma volonté ne soit pas faite, mais la vôtre*[117].
>
> Et il faut remarquer que l'âme fait cette résignation au milieu de tant de troubles, de tant de contradictions et répugnances, qu'elle ne s'aperçoit presque pas de la faire ; en tout cas, il lui semble qu'elle la fait si faiblement, que ce n'est pas

---

115. *Cf.* ci-dessus, notes 26 et 112.
116. Mt 26, 38.
117. Mt 26, 39.

de bon cœur comme il serait convenable, puisque ce qui se passe alors pour le bon plaisir divin, se fait non seulement sans plaisir et contentement, mais contre tout le plaisir et contentement de tout le reste du cœur. [...] Et cet acquiescement n'est pas tendre ni doux, ni presque pas sensible, bien qu'il soit véritable, fort, indomptable et très amoureux ; et il semble qu'il soit retiré au fin bout de l'esprit comme dans le donjon de la forteresse où il demeure courageux, quoique tout le reste soit pris et oppressé de tristesse. Et plus l'amour en cet état est dénué de tout secours, abandonné de toute l'assistance des vertus et facultés de l'âme, plus il est estimable de garder si constamment sa fidélité.

Traité de l'Amour de Dieu IX, 3

Que peut donc faire l'âme qui est en cet état ? Elle ne sait plus comment se maintenir entre tant d'ennuis, et n'a plus de force que pour laisser mourir sa volonté entre les mains de la volonté de Dieu, à l'imitation du doux Jésus, qui, étant arrivé au comble des peines de la Croix, et ne pouvant plus résister à ses douleurs : *Hélas !* dit-il, *ô mon Père, je recommande mon esprit entre vos mains*[118] ; parole qui fut la dernière de toutes, et par laquelle le Fils bien-aimé donnera le souverain témoignage de son amour envers son Père. Quand donc tout nous manque, quand nos ennuis sont en leur extrémité, cette parole, ce sentiment, le renoncement de notre âme entre les mains de notre Sauveur ne nous peut manquer. Le Fils recommanda son esprit au Père en cette dernière et incomparable détresse ; et nous, lorsque les convulsions des peines spirituelles nous ôtent toute sorte d'allégement, recommandons notre esprit dans les mains de ce Fils éternel, qui est notre

---

118. Lc 23, 46.

vrai Père, et baissant la tête de notre acquiescement à son bon plaisir, consignons-lui toute notre volonté.

Traité de l'Amour de Dieu, IX, 12

⇨ Textes complémentaires 1. 3 ; 2. 4 ; 5. 4 ; 7. 3 ; 9. 2.

Conclusion

Le salésiansime : une manière de vivre

Tout au long de ces pages, François de Sales nous aura présenté des choses extraordinairement simples : son génie est dans sa manière d'être et de dire, non pas dans quelque originalité novatrice ; c'est l'Évangile de toujours qu'il nous annonce, au delà de la « variété, changement, mutation et instabilité ès choses transitoires et matérielles de cette vie mortelle[119] ». En cela, son classicisme traverse les siècles, fait de douceur et de bonne éducation autant que de profondeur, et c'est sans presque se faire remarquer que ce grand seigneur nous ouvre avec affabilité les portes de la sainteté. Voilà pourquoi rien ne remplace une fréquentation prolongée de son œuvre, irréductible à quelques citations. Aussi notre conclusion sera-t-elle de rassembler ici encore quelques textes tout en nuances, qui finiront, espérons-le, de nous faire sentir cette finesse d'âme, et par le fait même, de nous rendre salésiens.

1. Équilibre de la sainteté

Je ne voudrais ni faire le fol ni faire le sage. Car si l'humilité m'empêche de faire le sage, la simplicité et rondeur m'empêcheront de faire le fol, et si la vanité est contraire à l'humilité, l'artifice, l'afféterie et feintise est contraire à la rondeur et simplicité. Que si quelques grands serviteurs de Dieu ont fait semblant d'être fols pour se rendre plus abjects devant le monde, il les faut admirer et non pas imiter ; car ils ont eu des motifs pour passer à cet excès qui leur ont été

---

119. Entretien du 4 janvier 1618.

si particuliers et extraordinaires, que personne n'en doit tirer conséquence pour soi.

Introduction à la vie dévote, III, 5

Il ne faut avoir soin d'aucune chose, puisque Notre Seigneur en prend la charge, mais recevoir tout simplement, comme de sa main, je dis sans exception.

Lettre à Jeanne de Chantal, date indéterminée

⇨ Textes complémentaires 2. 1 ; 2. 2 ; 2. 3 ; 3. 1 ; 4. 2.

2. Aimer sa vocation

Ne semez point vos désirs sur le jardin d'autrui, cultivez seulement bien le vôtre. Ne désirez point de n'être pas ce que vous êtes, mais désirez d'être fort bien ce que vous êtes. Amusez vos pensées à vous perfectionner en cela et à porter les croix, ou petites ou grandes, que vous y rencontrerez. Et croyez-moi, c'est ici le grand mot et le moins entendu de la conduite spirituelle : chacun aime selon son goût ; peu de gens aiment selon leur devoir et le goût de Notre Seigneur. De quoi sert-il de bâtir des châteaux en Espagne, puisqu'il nous faut habiter en France ?

Lettre à la présidente Brûlart, juin 1607

Vous savez que la contemplation est meilleure que l'action et la vie active ; mais si en la vie active il s'y trouve plus d'union, elle est meilleure. Que si une Sœur étant en la cuisine, tenant la poêle sur le feu, a plus d'amour et de charité que l'autre, le feu matériel ne le lui ôtera point, au contraire, il lui aidera à être plus agréable à Dieu. Il arrive assez souvent qu'on est aussi uni à Dieu par l'action que dans la solitude ;

mais enfin, je reviens toujours : où il y a plus d'amour, il y a plus de perfection.

Vrais entretiens spirituels, Appendice I F

Je n'approuve nullement qu'une personne attachée à quelque devoir ou vacation[120], s'amuse à désirer une autre sorte de vie que celle qui est convenable à son devoir, ni des exercices incompatibles à sa condition présente ; car cela dissipe le cœur et l'alanguit dans les exercices nécessaires. Si je désire la solitude des chartreux, je perds mon temps, et ce désir tient la place de celui que je dois avoir de me bien employer à mon office présent. Non, je ne voudrais pas même que l'on désirât d'avoir meilleur esprit ni meilleur jugement, car ces désirs sont frivoles et tiennent la place de celui que chacun doit avoir de cultiver le sien tel qu'il est ; ni que l'on désire les moyens de servir Dieu que l'on n'a pas, mais que l'on emploie fidèlement ceux qu'on a. Or, cela s'entend des désirs qui amusent le cœur ; car quant aux simples souhaits, ils ne font nulle nuisance, pourvu qu'ils ne soient pas fréquents.

Ne désirez pas les croix, sinon à mesure que vous aurez bien supporté celles qui se seront présentées ; car c'est un abus de désirer le martyre et n'avoir pas le courage de supporter une injure. L'ennemi nous procure souvent des grands désirs pour des objets absents et qui ne se présenteront jamais, afin de divertir notre esprit des objets présents, desquels, pour petits qu'ils soient, nous pourrions faire grand profit. Nous combattons les monstres d'Afrique en imagination, et nous nous laissons tuer en réalité par les menus serpents qui sont en notre chemin, faute d'y faire attention. Ne désirez point les tentations, car ce serait témérité ; mais employez votre cœur

---

120. Mot qui à l'époque a le même sens que *vocation*.

à les attendre courageusement, et à vous en défendre quand elles arriveront.

[...] Je ne dis pas qu'il faille perdre aucune sorte de bons désirs, mais je dis qu'il les faut produire par ordre ; et ceux qui ne peuvent être effectués présentement, il les faut serrer en quelque coin du cœur jusques à ce que leur temps soit venu, et cependant effectuer ceux qui sont mûrs et de saison ; ce que je ne dis pas seulement pour les spirituels, mais pour les mondains : sans cela nous ne saurions vivre qu'avec inquiétude et empressement.

Introduction à la vie dévote, III, 37

N'aimez rien trop, je vous supplie, non pas même les vertus, que l'on perd quelquefois en les outrepassant. [...] Soyons ce que nous sommes, et soyons-le bien, pour faire honneur au Maître Ouvrier duquel nous sommes la besogne. [...] Soyons ce que Dieu veut, pourvu que nous soyons siens, et ne soyons pas ce que nous voulons contre son intention ; car, quand nous serions les plus excellentes créatures du ciel, de quoi nous servirait cela, si nous ne sommes pas au gré de la volonté de Dieu ?

Lettre à la Présidente Brûlart, 10 juin 1605

Il ne faut pas juger des choses selon notre goût, mais selon celui de Dieu. C'est le grand mot : si nous sommes saints selon notre volonté, nous ne le serons jamais bien ; il faut que nous le soyons selon la volonté de Dieu. [...] Je vous dis encore une fois qu'il ne faut point regarder à la condition extérieure des actions, mais à l'intérieure, c'est-à-dire si Dieu le veut ou ne le veut point.

Lettre à la Présidente Brûlart, septembre 1606

3. Le lièvre et la tortue

⇨ Textes complémentaires 5. 3 ; 5. 4.

3. 1. Patience envers soi-même

Il me semble que toutes nos enfances ne procèdent d'aucun défaut que de celui-ci : c'est que nous oublions la maxime des saints qui nous ont avertis que tous les jours nous devons estimer de commencer notre avancement ou perfection ; et si nous pensions bien à cela, nous ne nous trouverions point étonnés de rencontrer de la misère en nous, ni de quoi retrancher. Ce n'est jamais fait, il faut toujours recommencer de bon cœur.

Lettre à Jeanne de Chantal, 12 mars 1615

Ne nous troublons point de nos imperfections, car notre perfection consiste à les combattre, et nous ne saurions les combattre sans les voir, ni les vaincre sans les rencontrer. Notre victoire ne gît pas à ne les sentir point, mais à ne point leur consentir ; mais ce n'est pas leur consentir que d'en être incommodé. Il faut bien que pour l'exercice de notre humilité, nous soyons quelquefois blessés en cette bataille spirituelle ; néanmoins nous ne sommes jamais vaincus sinon lorsque nous avons perdu ou la vie, ou le courage. Or, les imperfections et péchés véniels ne nous sauraient ôter la vie spirituelle, car elle ne se perd que par le péché mortel ; il reste donc seulement qu'elles ne nous fassent point perdre le courage. […] C'est une heureuse condition pour nous en cette guerre, que nous soyons toujours vainqueurs, pourvu que nous voulions combattre.

Introduction à la vie dévote, I, 5

Il faut coudre notre perfection pièce à pièce, parce qu'il ne s'en trouve point de toute faite. [...] Enfin, il ne se faut point étonner ni rendre lâche pour nos infirmités et instabilités ; mais en s'humiliant doucement et tranquillement, il faut remonter son cœur en Dieu et poursuivre sa sainte entreprise, se confiant et appuyant en Notre Seigneur, car il veut fournir tout ce qui est nécessaire pour l'exécution, ne nous demandant rien que notre consentement et fidélité.

Lettre à Jeanne de Chantal, date indéterminée

⇨ Texte complémentaire 2. 4.

3. 2. Bienveillance envers soi-même

L'une des bonnes pratiques que nous saurions faire de la douceur, c'est celle de laquelle le sujet est en nous-mêmes, ne nous dépitant jamais contre nous-mêmes ni contre nos imperfections ; car encore que la raison veut que quand nous faisons des fautes, nous en éprouvions du déplaisir et en soyons marris, il faut néanmoins que nous nous empêchions d'en avoir une déplaisance aigre et chagrine, dépiteuse et colérique. En cela, beaucoup font une grande faute, lesquels, s'étant mis en colère, se courroucent de s'être courroucés, entrent en chagrin de s'être chagrinés, et ont du dépit de s'être dépités ; car par ce moyen, ils tiennent leur cœur confit et détrempé en la colère, et même s'il semble que la seconde colère ruine la première, elle sert néanmoins d'ouverture et de passage pour une nouvelle colère à la première occasion qui s'en présentera ; outre que ces colères, dépits et aigreurs que l'on a contre soi-même tendent à l'orgueil et n'ont origine que de l'amour propre, qui se trouble et s'inquiète de nous voir imparfaits.

Il faut donc avoir un déplaisir de nos fautes qui soit paisible, rassis et ferme ; car comme un juge châtie bien mieux les méchants en faisant ses sentences par raison et en esprit de tranquillité, et non pas quand il les fait par impétuosité et passion, d'autant que jugeant avec passion, il ne châtie pas les fautes selon ce qu'elles sont, mais selon ce qu'il est lui-même, ainsi nous nous châtions bien mieux nous-mêmes par des repentances tranquilles et constantes, que par des repentances aigres, empressées et colériques ; d'autant que ces repentances faites avec impétuosité ne se font pas selon la gravité de nos fautes, mais selon nos inclinations. Par exemple, celui qui affectionne la chasteté se dépitera avec une amertume sans pareille de la moindre faute qu'il commettra contre elle, et ne se fera que rire d'une grosse médisance qu'il aura commise. Au contraire, celui qui hait la médisance se tourmentera d'avoir fait une légère murmuration, et ne tiendra nul compte d'une grosse faute commise contre la chasteté, et ainsi des autres ; ce qui n'arrive que pour autant qu'ils ne font pas le jugement de leur conscience par raison, mais par passion.

Pour moi, si j'avais par exemple grande affection de ne point tomber au vice de la vanité, et que j'y fusse néanmoins tombé d'une grande chute, je ne voudrais pas reprendre mon cœur en cette sorte : « N'es-tu pas misérable et abominable, qu'après tant de résolutions tu t'es laissé emporter à la vanité ? Meurs de honte, ne lève plus les yeux au ciel, aveugle, impudent, traître et déloyal à ton Dieu ! » et semblables choses ; mais je voudrais le corriger raisonnablement et par voie de compassion : « Or sus, mon pauvre cœur, nous voilà tombés dans la fosse à laquelle nous avions tant résolu d'échapper ! Ah, relevons-nous et quittons-la pour jamais, réclamons la miséricorde de Dieu et espérons en elle qu'elle nous assistera pour désormais être plus fermes, et remettons-nous au chemin de l'humilité ; courage, soyons maintenant sur nos gardes, Dieu nous aidera, nous ferons beaucoup ! » Et je voudrais sur cette répréhension bâtir une solide et ferme résolution de ne plus tomber en la faute, prenant les moyens convenables à cela, y compris l'avis de mon directeur. [...]

Comme les remontrances d'un père faites doucement et cordialement, ont bien plus de pouvoir sur un enfant pour le corriger que les colères et les courroux, ainsi, quand notre cœur aura fait quelque faute, si nous le reprenons avec des remontrances douces et tranquilles, ayant plus de compassion de lui que de passion contre lui, l'encourageant à l'amendement, la repentance qu'il en concevra entrera bien plus avant et le pénétrera mieux que ne ferait une repentance dépiteuse, colérique et tempétueuse.

[...] Relevez donc votre cœur quand il tombera, tout doucement, vous humiliant beaucoup devant Dieu par la reconnaissance de votre misère, sans nullement vous étonner de votre chute, puisque ce n'est pas chose admirable que l'infirmité soit infirme, et la faiblesse faible, et la misère chétive. Détestez néanmoins de toutes vos forces l'offense que Dieu a reçue de vous, et avec un grand courage et confiance en la miséricorde d'icelui, remettez-vous au train de la vertu que vous aviez abandonnée.

Introduction à la vie dévote, III, 9

⇨ Textes complémentaires 4. 2 ; 9. 2.

Annexe

Textes salésiens complémentaires

Les textes présentés dans cette annexe sont regroupés par auteur et selon un ordre chronologique. La référence figurant avant leur titre correspond aux renvois que l'on trouvera au fil des thèmes salésiens traités dans le corps de l'ouvrage.

1. Etienne Binet (1569-1639)

Né à Dijon, Etienne Binet entre à 20 ans chez les jésuites, alors exilés de France par Henri IV, après avoir été condisciple et ami de saint François de Sales à Paris. Il sera associé avec Jeanne de Chantal aux débuts de la Visitation dans la capitale, tout comme il sera mêlé à tous les grands épisodes du renouveau catholique parisien de l'époque.

Binet fut un prédicateur et un auteur à succès. Ses nombreux ouvrages d'éducation spirituelle au ton enjoué, sont tout à fait dans la ligne salésienne d'une sainteté à la portée de tous. Il touche à tous les sujets, dédramatise les cas de conscience, amuse ses lecteurs, bref, donne envie d'être chrétien.

Un auteur aussi sympathique que Binet ne pouvait que déplaire aux jansénistes, de plus en plus présents dans le paysage religieux français à partir de 1620. Pascal, qui ne riait jamais, l'attaquera frontalement dans ses Provinciales. *Cela n'empêchera pas la* Consolation et réjouissance pour les maladies, *associant l'abandon salésien à une médecine digne de Rabelais, de connaître un succès prodigieux, faisant de Binet l'un des spirituels les plus influents de son époque. C'est sur ce thème de la santé dévote — il y en aurait bien d'autres — que nous lui demandons de développer les conseils de saint François de Sales en la matière.*

Texte complémentaire 1. 1.
La maladie, occasion de croissance spirituelle

Le malade : Pourquoi Dieu permet-il que les gens de bien soient malades ?

Le consolateur : L'homme de bien n'est jamais malade et, s'il se plaint d'être malade, il n'est pas en cela homme de bien. Est-ce être mal d'être en l'état que Dieu a ordonné ? Est-ce là être homme de bien que de contrôler les arrêts de Dieu et lui présenter une requête incivile, afin de lui faire corriger son arrêt ?

Savez-vous pourquoi Dieu frappe ses bons serviteurs et meilleurs amis de maladie ? C'est parce qu'il les aime, il veut mettre au jour leur vertu et leur donne de l'exercice. La vertu n'est vertu jamais bien solide, que quand elle est en peine. Le monde aime mollement, comme les mères qui ont toujours leurs enfants pendus à leur col, attachés au lait et à leurs mamelles, nourris parmi toutes les friandises ; Dieu, au contraire, aime comme un père, d'un amour viril et rude : il ne mignarde point ses enfants, il les nourrit de la moelle du lion, de biscuits de fer, de poires d'angoisse ; mais les façonnant avec austérité, il les endurcit au mal et les fait cueillir une vertu mâle et digne de l'éternité.

Etienne Binet (1569-1639), *Consolation et réjouissances…*, chap. 1

Texte complémentaire 1. 2.
Profiter de nos fautes pour progresser

Le malade : Las ! Ce qui me crève le cœur, c'est que c'est par ma faute, que je suis ici malade !

Le Consolateur : Oh, la brave et l'heureuse faute, si elle vous pouvait conduire en paradis ! Le bon larron fut attaché à la Croix par sa faute, il porta de bonne grâce cet heureux malheur, et y perdant la vie par sa faute, gagna par bonheur le paradis. Vous étiez perdu, si vous n'eussiez été perdu ! Vous avez, dites-vous, perdu votre santé et vos forces par votre faute ? Oh, la riche perte, si elle vous fait rencontrer la couronne de la patience et le diadème de la gloire ! La Providence de Dieu a permis cette chute pour remonter votre âme qui était toute démontée.

Cette maladie est-elle de votre faute ? Avouez-la, et pour pénitence, souffrez gaiement ce que vous souffrez, et Dieu sera tout de suite content ! N'est-elle pas de votre faute ? Consolez-vous : c'est donc un présent du ciel ! Puisque Dieu vous corrige ici-bas, il n'a pas grande envie de vous faire du mal en l'autre monde ! Les maladies, de quelque côté qu'elles viennent, sont les courriers ordinaires des faveurs du ciel, les avant-gardes de Dieu : il paraîtra bientôt en personne, assis à votre chevet, et il vous embrassera tendrement, essuiera vos larmes et vos sueurs ; il vous affranchira pour vous donner place parmi les princes de sa cour, et vous posera sur la tête un diadème de gloire, couronnant votre petite patience de l'éternité de ses faveurs.

Etienne Binet (1569-1639), *Consolation et réjouissances…*, chap. 2

Texte complémentaire 1. 3.
Ne pas avoir honte d'être faible

Jamais Dieu ne permet à ses serviteurs le mal, qu'il ne leur envoie la provision nécessaire et la patience proportionnée à leurs maladies. Jetez votre cœur entre ses bras et confiez-vous en sa Providence. C'est une chose qui n'a jamais été entendue en la maison de Dieu, que personne ait été chargée par-dessus ses forces : sa fidélité est trop grande, sa charité paternelle est trop tendre ; les entrailles de ses divines miséricordes ne donnent jamais pouvoir aux maladies qu'au préalable l'esprit ait plus de force qu'il ne lui en faut pour tenir tête au mal et lui mettre le pieds sur la gorge.

Ces grands cris qui vous échappent ne sont pas toujours des voix d'impatience, mais une décharge de la douleur. Ces fâcheux consolateurs qui ne vous permettent point de jeter un soupir en vos martyres, sont un peu importuns, traitant avec des hommes de chair comme avec des statues de bronze. Non, non, criez hardiment et donnez de l'air à votre cœur par vos soupirs, mais à la condition que vous protesterez que ce n'est point par impatience, mais pour soulager un peu votre mal ; contraignez votre langue à jeter de bons cris, comme celui de Job : *Dieu me l'avait donné, Dieu me l'a ôté, son saint nom soit béni*[121] *!*

Etienne Binet (1569-1639), *Consolation et réjouissances…*, chap. 2

2. Sainte Jeanne de Chantal (1572-1641)

Fille du président du parlement de Dijon, où elle naquit en 1572, Jeanne Frémyot incarne la part profondément chrétienne de la noblesse de robe qui reconstruisit la France au lendemain des guerres de religion. Veuve inconsolable du baron de Chantal à 29 ans, mère de quatre enfants, la rencontre de François de Sales trois ans plus tard bouleversera sa vie : dirigée par lui intérieurement et extérieurement, sur le fond d'une amitié aussi transparente qu'exigeante, elle deviendra la pierre angulaire de la Visitation, dont elle fonde les 42 premiers monastères jusqu'à sa mort en 1641. Sa correspondance et ses instructions aux visitandines sont autant d'applications concrètes des enseignements de saint François de Sales, au cours des vingt ans durant lesquels elle lui survivra.

---

121. Jb 1, 21.

Texte complémentaire 2. 1.
Laisser Dieu choisir pour nous

Si nous ne cherchons que Dieu, il nous sera indifférent que l'on nous envoie en un lieu ou en un autre, que l'on nous donne tel office ou tel autre, parce que nous le trouverons partout et en toutes choses, et qu'on ne peut point le trouver plus sûrement que dans l'obéissance.

En cela est renfermée la pratique de la dernière instruction de notre bienheureux Père, de ne rien demander et de ne rien refuser, par laquelle il a conclu tous les enseignements qu'il nous avait donnés ; nous ne la saurions pratiquer sans exercer toutes les autres vertus ; car cette pratique réunit l'humilité, la douceur, la simplicité, la mortification, et surtout la totale dépendance de Dieu. Enfin, elle contient comme un abrégé et un sommaire de toute la perfection qui est dans nos Règles et Constitutions, et l'esprit de notre saint Institut. C'est là, mes chères sœurs, ce que je vous souhaite à toutes, et je ne puis pas avoir d'autre désir. Pour moi j'honore, plus que je ne puis dire, cette pieuse maxime que ce saint Père nous a tant inculquée, spécialement pendant les trois dernières années de sa vie, où il n'avait rien de plus fréquent à la bouche, répétant souvent : « Ne désirez rien et ne refusez rien. » Ô Dieu ! que la paix et la tranquillité de celle qui observe bien cette pratique est grande ! Soyez sûres, mes filles, que si vous y êtes fidèles, elle vous conduira, en peu de temps, à une haute et sublime perfection.

Entretien XII

Texte complémentaire 2. 2.
Ne rien demander, ne rien refuser

Ayons toujours devant les yeux que cette grande Providence de Dieu règle toutes choses, qu'elle voit tout et qu'elle fait tout concourir au bien de ceux qui aiment Dieu. N'est-il pas vrai, mes sœurs, qu'il faut nous abandonner totalement et sans réserve ? *Vous avez tout fait avec sagesse*, disait David[122]. Oui, ce grand Dieu ne dédaigne pas d'employer son infinie sagesse à la conduite d'une petite créature. Pourquoi donc, mes sœurs, prendrions-nous encore des soins superflus de nous-mêmes ? Une âme qui s'est bien abandonnée au soin de la Providence divine ne veut que Dieu, ne voit que Dieu, ne s'attache qu'à Dieu ; elle est inébranlable en toute sorte d'évènements, en un mot, elle est à Dieu. C'était la chère vertu de notre bienheureux Père, que cet abandon total et cette dépendance parfaite du bon plaisir de Dieu. Les trois dernières années de sa vie, il allait sans cesse répétant ces saintes paroles : « Ne demandez rien, ne refusez rien. » Dans le dernier entretien qu'il fit à nos sœurs de Lyon, il leur inculqua fort cette dernière instruction qui est d'un prix inestimable. Lorsqu'elles lui demandèrent ce qu'il désirait qui leur demeurât le plus dans l'esprit : « Que voulez-vous que je vous dise ? leur répondit-il ; tout est compris dans ces deux mots : Ne demandez rien, ne refusez rien. »

Entretien XXIII

Texte complémentaire 2. 3.
La sainteté n'est pas un rêve

La perfection de céans, mes chères Sœurs, n'est pas fondée sur les grâces extraordinaires en l'oraison, mais sur la solide vertu. Nos premières Mères et Sœurs n'auraient jamais voulu parler d'autre que de l'oraison ; elles en faisaient des perpétuelles demandes à notre Bienheureux Père, et elles n'étaient pas bien satisfaites, parce qu'il leur répondait courtement, s'étendant sur les pratiques de la vertu véritable, auxquelles

---

122. Ps 103, 21.

il portait tout à fait les âmes qu'il conduisait, plus que par toutes autres voies, et bien qu'il eût vu les âmes gratifiées des plus sublimes ravissements, s'il n'y trouvait un fond de véritable humilité, il n'en faisait point d'état. Il aimait fort une âme courageuse, laquelle il voyait absolument déterminée au bien, quoi qu'il lui pût arriver, et ne voulait pas qu'on regardât aux goûts et aux plaisirs, ni aux dégoûts et aux privations, mais il voulait que dans les douceurs comme dans l'amertume, on allât droit à Dieu par une remise humble et soumise aux divines dispositions sur nous, par l'exercice d'une sincère douceur de cœur et égalité d'esprit. Lorsqu'il rencontrait de telles âmes, il les chérissait fort, et pour mériter ses tendresses, je voyais qu'il ne fallait qu'aimer le bon plaisir de Dieu et sa sainte volonté sans se regarder soi-même, mais il ne laissait d'aimer les moins parfaites, et il travaillait patiemment et doucement autour de ces âmes moins fortes.

Entretien VIII

Texte complémentaire 2. 4.
La vraie mesure des choses

Oui, ma Sœur, c'est un vrai point de la plus haute et sublime perfection, que d'être entièrement remise, dépendante et soumise aux événements de la divine Providence. Si nous nous y sommes bien remises, nous aimerons autant d'être à cent lieues d'ici, qu'ici même ; et possible mieux, pour y trouver plus du bon plaisir de Dieu et moins de notre propre satisfaction. Il nous serait indifférent d'être humiliée ou exaltée, que cette main ou cette autre nous conduise, d'être en sécheresse, aridité, tristesse et privation, ou d'être consolée par la divine onction et dans la jouissance de Dieu. Enfin, nous nous tiendrions entre les bonnes mains de ce grand Dieu comme l'étoffe en celles du tailleur, qui la coupe en cent façons pour l'usage qui lui plait et auquel il l'a destinée, sans qu'elle y apporte de l'obstacle ; ainsi nous endurerions que cette puissante main de Dieu nous coupe, martèle et cisèle, tout comme elle veut que nous soyons faite une pierre propre pour son édifice, et les afflictions comme les délices ne seraient qu'une même chose, nous écriant, avec notre grand Père : « Coupez, tranchez, brûlez, mon Seigneur Jésus-Christ, pourvu que je sois avec vous et que je vous possède, je suis contente ! » Mes Sœurs, ne parviendrons-nous jamais à la totale destruction de nos sentiments humains et à la ruine de la prudence humaine, pour voir d'un œil pur, d'une vraie foi, la beauté et bonté des afflictions, des souffrances, des pressures de cœur, des dérélictions et maladies ? Le monde ne s'attache qu'à l'écorce, et ne passe point à voir la moelle cachée sous la douceur de la Croix ; il ne voit que l'écorce, qui paraît rude et fâcheuse ; mais il ne pénètre point jusqu'au dedans, où l'on goûte plus de plaisir, si l'on aime bien Dieu, que l'on n'en trouvera jamais dans la jouissance des faux et vains contentements, que le même monde peut donner. L'esprit humain voit une personne délaissée, persécutée et mortifiée ; il la croit misérable et pleurerait volontiers de compassion sur elle, mais si il discernait et pénétrait la douceur que Dieu fait trouver à cette âme dans cette même humiliation, il aurait de l'envie pour le bonheur qu'elle possède d'être admise à l'honneur de la divine familiarité, en même temps que la créature l'a comme rejetée.

Entretien sur la Providence divine

Texte complémentaire 2. 5.
Rien ne compte, que Dieu seul

Vous avez un petit mal de tête ou d'estomac, vous avez fait une maladresse, on vous a contrariées, ne vous arrêtez pas à tout cela, passez par-dessus, et allez à Dieu sans regarder votre mal. « Mais je voudrais, dites-vous, remarquer mon mal pour l'offrir à Dieu. » Cela est bon, mais, en le lui offrant, ne faites pas tant de regards sur le mal, afin de l'agrandir, et de faire voir que vous avez bien raison de vous plaindre. Oh ! il faut être plus courageuse et s'abandonner totalement à Dieu, ne voulant que lui, et nous contentant de lui seul.

Entretien XXII

Texte complémentaire 2. 6.
La prière continuelle

Nous n'entendons pas ce que c'est que l'essence de la vraie oraison, qui n'est autre chose que d'être toujours prêtes à faire tout ce qu'on nous commande, et de tenir notre âme unie à la volonté de Dieu, autant qu'il nous est possible. Voilà en quoi consiste la vraie oraison, et non à être toujours en un coin en douceur et bien recueillie. Ce n'est pas cela que Notre Seigneur regarde, mais le cœur, et si nous sommes prêtes à laisser faire ce qu'on voudra de nous. L'âme qui peut dire toujours avec vérité qu'elle est prête à tout ce que l'on voudra ou qu'on lui commandera, est continuellement en oraison. Il ne faut pas toujours être à genoux pour faire oraison ; on peut la faire en pétrissant, en balayant ; et pour moi j'ai plus de plaisir à voir une sœur faire une pratique d'exactitude à l'obéissance, que si je la voyais éprouver des ravissements et cependant être moins fidèle que l'autre à sa règle.

Entretien XI

Texte complémentaire 2. 7.
Quand la prière nous ennuie

La prière est le canal qui unit le cœur d'une religieuse à celui de Dieu ; c'est par là qu'elle attire les eaux du ciel qui descendent et montent de nous à Dieu et de Dieu à nous. C'est le premier acte de notre foi, et par conséquent ce que dit l'Apôtre, qu'*il est impossible de plaire à Dieu sans la foi*[123], il faut le dire de la prière. Elle est la voie par laquelle nous demandons à Dieu et à Jésus-Christ, qui est notre unique libérateur, qu'il nous sauve, parce que nous ressentons en nous de si grands mouvements d'infirmité que s'il ne nous soutenait à tout moment par sa grâce, nous péririons.

On peut dire en un certain sens que tout ce que nous faisons, le manger même et le dormir, est une prière, quand nous le faisons simplement dans l'ordre qui nous est prescrit, sans y ajouter ni diminuer rien par nos caprices et notre volonté, c'est-à-dire si on est exacte à obéir à toute la règle morte et vivante, aussi bien à la supérieure que nous voyons et qui nous gouverne par ses ordonnances, qu'au bienheureux évêque de Genève, que nous ne voyons pas, qui a fait la règle.

Lorsque le temps de nous mettre devant Dieu pour lui parler seul à seul est arrivé, ce qu'on appelle proprement prière, la seule présence de notre esprit devant le sien et du sien devant le nôtre forme la prière, soit que nous y ayons de bonnes pensées et de bons sentiments, ou que nous n'en ayons point.

Il faut seulement qu'avec toute la simplicité, sans faire aucun violent effort d'esprit, nous nous tenions devant lui avec des mouvements d'amour et une attention de toute notre âme, sans nous distraire volontairement ; et alors tout le temps que nous sommes à genoux sera tenu pour une prière

---

123. Hb 11, 6.

devant Dieu, qui aime autant la souffrance humble des pensées vaines et involontaires qui nous attaquent alors, que les meilleures pensées que nous avons eues dans d'autres temps ; car une des plus excellentes prières est le désir amoureux de notre cœur envers Dieu et la souffrance des choses qui nous déplaisent. Elle se rencontre alors avec patience, qui est la première des vertus, et lorsqu'après cela, le temps est venu de finir l'oraison, on doit croire qu'on a autant prié que si on n'eût souffert aucune distraction.

Entretien IX

Texte complémentaire 2. 8.
Quand la prière nous désole

Celles qui sont en sécheresse peuvent faire tous les actes de l'oraison. Que si c'est sans goût et sentiment, ce ne sera pas sans utilité et profit ; car l'oraison de patience, de soumission et d'abandonnement au bon plaisir de Dieu, qu'elles doivent pratiquer en cette occasion, ne sera pas moins agréable à Sa divine Majesté, voire le sera davantage que si elles se fondaient en douceur. Elles doivent persévérer à se tenir devant Dieu avec une profonde révérence, et un maintien dévot, souffrant amoureusement leurs peines. Car il est vrai que, quand les sécheresses et soustractions d'agir sont grandes, la pauvre âme dans cette impuissance ne peut que souffrir. Mais cette pure souffrance est une oraison très agréable à Dieu, étant accompagnée d'humilité, soumission et confiance, se contentant de sa seule volonté, et de l'honneur de demeurer en sa sainte présence, soit comme une esclave devant son souverain riche, une impuissante devant le Tout-Puissant, une disciple auprès de son bon maître ; comme une épouse auprès de son époux ; une fille aux pieds de son père, et semblables affections, selon que le Saint-Esprit suggérera ; et dire, de fois à autre, quelque parole à Notre Seigneur, selon l'état où l'on se trouve. Et je sais qu'étant dites avec une amoureuse soumission, elles profitent et qu'on en peut toujours dire, quoique sans goût. Mais aussi, ce n'est pas notre propre goût que nous devons chercher, mais celui de Dieu, qui nous veut ainsi.

Réponses sur le coutumier

**Texte complémentaire 2. 9.
Quand la prière semble impossible**

Allez donc à l'oraison, non pour y chercher le goût, non pour y recevoir des consolations, mais pour vous y tenir dans un extrême respect et abaissement devant Dieu, pour y épancher votre misère devant sa miséricorde, et pour vous tenir malgré toutes vos distractions en sa sainte présence, ne voulant ni ne cherchant que son bon plaisir et sa sainte volonté. En faisant ainsi vous ne vous apercevrez pas que vous n'avez point de goût, parce que ce n'est pas le goût que vous êtes allée chercher, c'est Notre Seigneur ; et vous trouverez toujours par la foi ce divin Sauveur, cela vous doit suffire. Faites votre devoir envers Dieu, et ne vous mettez pas en peine ; il saura bien répandre sa miséricorde sur vous quand cela vous sera expédient.

Je voudrais que nos sœurs n'allassent point chercher leurs goûts et consolations en l'oraison, mais seulement Notre Seigneur et sa sainte volonté, qui n'est pas moins dans les distractions involontaires que dans les suavités délectables.

Instruction IX, « Sur la dévotion sensible dans l'oraison »

**Texte complémentaire 2. 10.
L'indifférence à soi-même dans la prière**

Il faut souvent user de cette pratique d'abnégation intérieure, de demander à Dieu, dans tous nos exercices, la parfaite nudité ; mais quand il nous arrivera quelque autre trait d'amour, d'union avec Dieu, de confiance en sa bonté, il faut s'y bien exercer, en user fidèlement, sans les troubler ou interrompre pour vouloir pratiquer l'abnégation. Tout ce que doivent prétendre celles qui commencent de s'adonner à l'oraison, doit être de travailler à se résoudre et disposer, par tous les efforts d'esprit et de cœur imaginables, de conformer leur volonté à celle de Dieu, parce qu'en ce point seul consiste la plus haute perfection que l'on puisse obtenir dans la vie spirituelle. Il faut vivre au jour de la journée présente, sans user de prévoyance ni de soin de nous, pour l'avenir ni pour le présent ; faire les choses ainsi qu'elles se présentent, profiter de tout de bonne foi et sans autre égard que de plaire uniquement à Dieu, par les seuls moyens que notre vocation nous en fournit, sans user de recherches étrangères.

Il faut que l'âme soit fidèle à donner lieu à la parole de Dieu, si nous voulons qu'elle opère en nous, et que Dieu puisse disposer de nos cœurs selon sa volonté, et afin d'obtenir la grâce que nous-mêmes puissions adhérer à cette volonté adorable. L'âme qui se trouve encore atteinte et remplie de mille imperfections, est ridicule de prétendre déjà aux goûts divins, aux sacrées consolations ; elle n'a encore acquis les vertus qu'en désir, et voudrait déjà en avoir les plus douces récompenses, que Dieu a coutume de donner à celles qui les possèdent en effet, et par une longue et constante pratique. Devant que de prétendre aux couronnes et à la gloire, mes filles, il faut embrasser la Croix de Notre Seigneur dans les sécheresses qui nous arrivent dans l'oraison. Ce doit être notre premier exercice, et celle qui souffre le plus est la plus heureuse. Vous devez avoir l'âme constamment pénétrée de cette vérité, que le cœur qui a offensé la bonté de Dieu ne doit jamais demander ces plaisirs divins et ces jouissances adorables de douceurs ineffables dont les âmes innocentes ou purifiées par le saint amour, jouissent.

Nous ne les devons point prétendre ni croire les mériter, quels que soient les services que nous puissions rendre à la divine Majesté. Il y a faute d'humilité, de faire tant de cas de servir Dieu par les sécheresses, de s'en tant plaindre ; Dieu nous les donne pour nous rendre humbles et non pour nous inquiéter. C'est le démon qui voudrait nous faire faire ce mauvais usage. Il faut pourtant bien compatir et consoler celles qui souffrent de grands et longs travaux intérieurs.

Une âme qui est humble vit aussi paisible, et aussi soumise à Dieu, parmi les désolations et stérilités intérieures que si elle nageait dans les goûts, consolations, et plaisirs intérieurs ; Dieu les départit souvent aux faibles. Mes filles, il faut avoir bon courage, vivre dans une profonde humilité. Il ne faut pas même craindre les tentations, car Dieu les permet pour purifier notre cœur ; et, bien qu'il arrive que nous y fassions quelques fautes, il faut s'en confesser, s'en humilier, puis demeurer en paix. Une âme qui est toute à Dieu agit ainsi ; faisons-le aussi et soyons bien tout à Dieu.

Petits avis sur l'oraison

3. Michel Boutault (1604-1689)

Michel Boutault est né à Paris et mort à Pontoise. Le peu que l'on sait de lui est qu'il fut jésuite, professeur et prédicateur. Connu de son vivant pour les méditations bibliques contenues dans son Recueil des maximes de Salomon, *il laisse aussi une* Méthode pour converser avec Dieu *qui, en quelques pages très attachantes, résume l'attitude de confiance et de simplicité envers Dieu qui domine la spiritualité française depuis saint François de Sales. Mis à l'index en 1723 (parce que probablement retouché dans certaines éditions par des mains jansénistes), cet opuscule n'en sera pas moins traduit et commenté par saint Alphonse de Liguori qui en assurera le succès.*

Texte complémentaire 3. 1.
Ne pas avoir peur de Dieu

Dieu vous aime, aimez-le : ses délices sont d'être avec vous ; que les vôtres soient d'être avec lui, et de passer, s'il est possible, votre temps où vous passerez votre éternité bienheureuse et en son aimable compagnie. Accoutumez-vous à lui parler familièrement et confidemment comme à votre ami ; et faites réflexion que c'est une erreur et une faiblesse de notre nature aveugle, de n'être point libres en sa présence, et de ne paraître devant lui que comme des esclaves timides et honteux devant un prince, en tremblant de peur, et en ne pensant qu'à fuir pour aller chercher ailleurs notre consolation et notre liberté.

On ne demande pas que, par une oraison extatique, ni par une application violente de vos pensées, vous formiez dans vous une figure de sa personne adorable : il n'est ici question que d'un entretien familier. On ne vous demande autre chose, sinon que, sans quitter votre travail, vous fassiez envers Dieu ce que vous faites chaque jour et à chaque occasion envers ceux qui vous aiment et que vous aimez. Il est comme eux auprès de vous ; dites-lui les mêmes choses que vous leur dites : entretenez-le de vos affaires, de vos desseins, de vos espérances, de vos craintes, de tout ce qui vous regarde ; et faites-le de la façon que je viens de dire, confidemment et avec un cœur ouvert ; car la réserve et le silence de l'âme lui déplaisent extrêmement dans les saints. L'âme qui n'a rien à lui dire est comme cette petite sœur de la Sunamite[124] qui

---

124. Allusion au Cantique des cantiques (Ct 8, 8).

n'est pas encore en âge d'entrer au nombre des épouses, et d'être tendrement aimée. Une des premières leçons de la vie spirituelle est que Dieu, qui est le plus puissant et le plus redoutable des maîtres quand il commande, veut être le plus familier des amis quand il aime ; et que durant ses conversations solitaires avec les personnes qu'il a choisies, la plus petite des créatures n'est point trop petite, ni trop méprisable pour lui, sinon lorsqu'elle ne sait pas encore la manière de l'entretenir cœur à cœur, et de lui découvrir amoureusement ses pensées intimes. Il est vrai qu'il doit être toujours souverainement respecté ; mais quand il vous fait la grâce de vouloir être chez vous, et que par un mouvement intérieur il vous fait souvenir et sentir qu'il est présent, le plus grand honneur qu'il attend de votre part, est que vous lui parliez comme à celui qui vous aime ; et que vous lui disiez vos sentiments, avec toutes les libertés de la tendresse et de la confiance.

[...] Dites-lui ce que vous savez de votre personne et de votre famille, et ce que vous ne manqueriez pas de dire à un autre ami qui serait chez vous et auprès de vous. Tout Dieu qu'il est, il lui est important de le savoir, puisqu'il vous aime et qu'il n'y a rien entre les choses qui vous regardent, qui ne soit l'affaire et l'intérêt de son amour. Ne le prenez pas pour un roi qui ne voudrait avoir en l'âme que des pensées de roi, ni être entretenu que de grandes choses, ou qui craindrait de s'abaisser en appliquant son esprit à écouter ce qui se passe dans un petit ménage, ou dans la conscience d'une petite créature. [...] Chez vous et aux endroits où vous êtes seule avec lui, pour ainsi parler, il n'est Dieu que pour vous seule : il n'est là, le Tout-Puissant, que pour vous aider, ni le Tout-Aimable, que pour être aimé de vous ou pour attirer votre confiance, et vous présenter l'occasion de lui dire ce qui vous afflige, et en quel état sont les affaires de votre famille, ou de votre charge, ou de votre intérieur. Dites-lui donc avec amour et avec sincérité tout ce que vous en savez.

[…] Ne craignez pas non plus de lui confier les mécontentements que vous pourriez avoir de lui ; et si la pensée vous vient quelquefois de murmurer et de vous plaindre de sa conduite, murmurez-en, et faites comme envers les autres amis, et comme ont fait les saints dans cette occasion. Plaignez-vous à son amour de ce qu'il semble vous délaisser et mépriser vos cris et vos larmes. *Ut quid Domine recessisti longe, despicis in opportunitatibus*[125] ? Qu'est ceci, mon Dieu, vous me méconnaissez vous-même lorsque je pleure, et vous vous éloignez de moi, lorsque j'ai le plus besoin de votre consolation et de votre main pour me soutenir ? Ayez, si l'inspiration vous y pousse, ce qu'ont eu les mêmes saints : des mouvements d'indignation et d'une sainte colère contre lui ; accusez-le par des reproches plus agréables à sa bonté que ne sont les adorations et les soumissions des âmes timides. *Clamo ad te, et non exaudis me ; sto, et non respicis me ; mutatus es mihi in crudelem*, etc.[126] Où êtes-vous, divin Sauveur, où est votre miséricorde et votre amour ?

[…] Si tandis que vous agissez, vos actions ne vous empêchent point de parler de votre besogne à d'autres personnes qui se rencontrent, pourquoi vous empêcheront-elles d'en parler à celui que vous aimez, et de faire comme cette épouse laborieuse aux jours mêmes qu'elle était le plus embarrassée dans les tracas et qu'elle se trouvait obligée de donner ses ordres à quantité de domestiques, et de les tenir par sa vigilance attachés assidûment à leur travail ? Regardez-la, dis-je, et jugez si le repos des contemplatifs est plus agréable que les

---

125. « Pourquoi, Seigneur, es-tu parti au loin ? Pourquoi me délaisser quand j'aurais besoin de toi ? » (Ps 9, 1.)

126. « Je t'appelle et tu ne m'exauce pas ; je suis devant toi et tu ne me regardes pas ; tu t'es fait cruel pour moi », etc. (Job 30, 20-21.)

travaux de cette ménagère sainte et dévote : *Mane surgamus ad vineas, et videamus si floruit vinea, si flores fructus parturiunt, si germinarunt mala punica,* etc.[127] « Mon cher Maître, il est temps de travailler et de penser au ménage, mais ne me laissez pas seule parmi les peines. Je ne les crains pas, pourvu qu'elles ne me séparent point d'avec vous, et que tandis que je travaillerai, vous teniez mes yeux et mes pensées attachées inséparablement à votre présence et à votre cœur. Allons ensemble faire un tour dans notre enclos, et voyons si les vignes sont en état, et si elles ont profité d'une saison si favorable ; allons dans le verger, visitons les arbres et voyons si notre plant a réussi ; visitons la métairie et sachons si les laboureurs travaillent, si les pasteurs, si les serviteurs, si les officiers font leur devoir. Allons, et mettons ordre que chacun le fasse, et que chacun soit où il doit être. Mais encore un coup, mon bien-aimé, ne me quittez pas : car rien ne me sera fâcheux ni incommode, aux heures que vous serez présent à mon esprit, et que j'écouterai votre voix. Parlez à mon âme tandis que mon corps fera ses courses, et que je m'occuperai à vous servir et à régler la maison que vous m'avez fait la grâce de confier à mes soins et à ma conduite. »

Dès lors qu'on parle à Dieu de ce qu'on fait en travaillant, le travail n'est plus une distraction, mais une dévotion de grand mérite. Marthe, qui pense aux affaires temporelles et qui a toutes les peines de la maison, n'est pas distraite puisque c'est au Sauveur qu'elle en fait ses plaintes, et puisqu'elle ne perd aucune occasion de lui dire quelque mot et de se soulager en lui témoignant que c'est pour lui

---

127. « Levons-nous de bon matin et allons à la vigne, et voyons si elle a porté fleurs, si ces fleurs donnent du fruit, si les grenadiers en promettent », etc. (Ct 7, 12).

qu'elle travaille, et qu'elle s'estime heureuse de travailler et de se lasser à la vue de son Dieu.

Méthode pour converser avec Dieu

4. Alexandre Piny (1640-1709)

D'une vieille famille provençale, dernier de huit enfants, Piny entre tout jeune au noviciat dominicain de Draguignan, alors que la Provence connaît une grande vitalité spirituelle. Il enseignera la philosophie et la théologie à Aix et à Marseille, puis à Paris à partir de 1676. C'est là qu'il commence à publier différents opuscules spirituels, tous dans la ligne du « pur amour », thème dominant de la spiritualité de cette fin de siècle, mais très proche de l'abandon salésien. Piny mourra en odeur de sainteté après avoir été soupçonné de quiétisme, c'est-à-dire de confondre abandon et démission, ce qui serait confondre confiance en Dieu et paresse à faire sa volonté. La définition qu'il va nous donner du « pur amour » suffirait à démentir cette accusation, mais a surtout le mérite d'exprimer en termes nouveaux, deux générations après saint François de Sales, le cœur du salésianisme :

Une seule parole, qui est le *fiat* à l'égard de la divine Volonté, cette seule parole dite avec sincérité en toute sorte de rencontre, renferme et comprend ce pur amour dans son entier ; étant très vrai que c'est là l'amour le plus épuré que nous puissions avoir pour Dieu, puisque c'est là aimer sa volonté aux dépens de la nôtre, faire de son contentement le nôtre propre, trouver notre satisfaction à n'être jamais satisfait quand tel serait son bon plaisir, ne vouloir avoir de corps, d'âme et de vie, que pour le sacrifier à son bon plaisir, et consentir ainsi amoureusement à notre propre destruction pour le faire régner.

État du pur amour, chap. 1er

Texte complémentaire 4. 1.
Tout est Providence

Puisque rien n'arrive que par l'ordre de la volonté d'un Dieu Père, et puisqu'un Dieu Père ne peut rien ordonner que pour le bien de ses enfants, quand on veut bien le laisser faire, adorez donc et acceptez la maladie présente, en ne rien demandant que l'accomplissement de sa très sainte volonté. C'est un Dieu tout-puissant qui peut, dans un moment, vous en guérir parfaitement ; c'est un Dieu infiniment sage et infiniment éclairé, qui sait très bien la manière dont il faut s'y prendre pour bientôt avancer cette guérison ; c'est un Dieu, la Bonté même, qui ne saurait manquer de bonne volonté, s'il est expédient de vous en guérir pour votre salut. Pourquoi donc ne pas demeurer en paix et repos, étant ainsi entre les mains d'un Dieu qui peut, qui sait et qui veut ? Donc, n'ayez pas d'autre sentiment dans cette infirmité que celui du Prophète : *Pour moi, il est bon de m'attacher à Dieu*[128].

Lettre 33

Texte complémentaire 4. 2.
Ne rien demander, ne rien refuser dans la maladie

La croix d'infirmité a cet avantage, ma très chère Sœur, ou plutôt vous y avez vous-même cet avantage que vous ne doutez pas que c'est la croix où Dieu vous veut, étant proprement celle que la nature et notre propre volonté ne voudrait point, et qu'elle cherche encore moins. Ainsi, puisque tout ce qui nous vient de Dieu ne peut être que de bon et très bon, si nous voulons bien l'accepter, acquiescez donc, ma chère Sœur, acceptez et veuillez comme un enfant bien né, ce qu'un Dieu Père veut pour le bien et le salut de son enfant. Quant

---

128. Ps 73, 28.

aux petits soulagements qu'on peut vous y donner, prenez-les — et tant mieux si vous les prenez —, pourvu qu'auparavant que de les prendre, vous protestiez à Dieu que vous ne voulez en tirer du soulagement dans votre mal qu'autant que sa divine volonté voudra vous en donner ; et pourvu qu'en ce qui vous satisfera, vous ayez toujours quelque autre raison, et quelque autre vue que celle de vous satisfaire.

Enfin, pour le manque d'application dans vos exercices spirituels pendant le temps de la maladie, souvenez-vous que si l'esprit peine à s'y appliquer, le cœur et la volonté peuvent demeurer appliqués à Dieu et à aimer autant facilement que l'esprit l'est malaisément, puisqu'il n'y a qu'à se mettre dans cette disposition de cœur de vouloir aimer, vouloir prier, vouloir être abandonné, pour aimer véritablement, pour prier et pour être abandonné en réalité, puisque le vouloir, toute malade puissiez-vous être, est toujours à votre pouvoir.

Lettre 155

5. François de la Mothe-Fénelon (1651-1715)

De vieille noblesse périgourdine, Fénelon étudie chez les jésuites, puis les sulpiciens. Prêtre en 1675, familier de l'entourage de Louis XIV et de Madame de Maintenon, il devient précepteur de l'héritier du trône, le duc de Bourgogne. C'est dans ce milieu qu'il rencontrera Madame Guyon, dont il sera un fervent disciple, puis un défenseur inconditionnel face à Bossuet. Avec elle, il inaugure une nouvelle façon d'être disciple de saint François de Sales, même si le salésianisme n'est qu'une composante de leur héritage, à côté des maîtres du Carmel et aussi de la Normandie mystique, tel Jacques Bertot ou Jean de Bernières-Louvigny. Archevêque de Cambrai en 1695, en semi-disgrâce après les condamnations, infiniment plus politiques que doctrinales, de ses Maximes des saints *en 1699, il se révélera également pasteur salésien par son souci des pauvres et la simplicité de sa direction spirituelle, comme en témoigne son abondante correspondance dont nous extrayons quelques propos lumineux sur la prière et sur l'humble acceptation de soi-même.*

Texte complémentaire 5. 1.
Une saine familiarité avec Dieu dans la prière

Soyez avec Dieu, non en conversation guindée, comme avec les gens qu'on voit par cérémonie et avec qui on fait des compliments mesurés, mais comme avec une bonne amie qui ne vous gêne en rien et que vous ne gênez point aussi. On se voit, on se parle, on s'écoute, on ne se dit rien, on est content d'être ensemble sans se rien dire ; les deux cœurs se reposent et se voient l'un dans l'autre, et ils n'en font qu'un seul ; on ne mesure point ce qu'on dit, on n'a soin de rien insinuer, ni de rien amener ; tout se dit par simple sentiment et sans ordre ; on ne réserve, ni ne tourne, ni ne façonne rien ; on est aussi content le jour qu'on a peu parlé, que celui qu'on a eu beaucoup à dire. On n'est jamais de la sorte qu'imparfaitement avec les meilleurs amis, mais c'est ainsi qu'on est parfaitement avec Dieu, quand on ne s'enveloppe point dans les subtilités de son amour-propre. Il ne faut point aller faire à Dieu des visites pour lui rendre un devoir passager : il faut demeurer avec lui dans la privauté des domestiques, ou, pour mieux dire, des enfants. Soyez avec lui comme mademoiselle votre fille est avec vous : c'est le moyen de ne s'y point ennuyer. Essayez-le avec cette simplicité, et vous m'en direz des nouvelles.

Lettre 181

Texte complémentaire 5. 2.
Bienveillance envers soi-même

Portons la croix : la plus grande est nous-même. Nous ne serons point hors de nous pendant que nous ne nous garderons pas simplement comme un prochain qu'il faut supporter avec patience. Si nous nous laissons mourir tous les jours de la vie, nous n'aurons pas beaucoup à mourir le dernier ; et ce qui nous fait tant de peur de loin ne nous en fera guère de près, pourvu que nous ne l'exagérions point par nos prévoyances inquiètes d'amour-propre. Supportez-vous vous-même, et consentez petitement à être supporté par autrui. Oh, que les petites morts journalières ôtent de force à la grande mort !

Lettre 170

Texte complémentaire 5. 3.
Encore et toujours l'abandon

On serait tenté de croire que la faiblesse et la petitesse sont incompatibles avec l'abandon, parce qu'on se représente l'abandon comme une force de l'âme, qui fait par générosité d'amour et par grandeur de sentiments les plus héroïques sacrifices. Mais l'abandon véritable ne ressemble point à cet abandon flatteur. L'abandon est un simple délaissement dans les bras de Dieu, comme celui d'un petit enfant dans les bras de sa mère. L'abandon parfait va jusqu'à abandonner l'abandon même. On s'abandonne sans savoir qu'on est abandonné ; si on le savait, on ne le serait plus ; car y a-t-il un plus puissant soutien qu'un abandon connu et possédé ? L'abandon se réduit, non à faire de grandes choses qu'on puisse se dire à soi-même, mais à souffrir sa faiblesse et son infirmité, mais à laisser faire. Il est paisible, car il n'y aurait point de sincère abandon, si on était encore inquiet pour ne laisser pas échapper et pour reprendre les choses abandonnées. Ainsi l'abandon est la source de la vraie paix ; et sans la paix, l'abandon est très imparfait.

Si vous demandez une ressource dans l'abandon, vous demandez de mourir sans perdre la vie. Tout est à recommencer. Rien ne prépare à s'abandonner jusqu'au bout, que l'abandon actuel en chaque moment. Préparer et abandonner sont deux choses qui s'entredétruisent. L'abandon n'est abandon qu'en ne préparant rien. Il faut tout abandonner à Dieu, jusqu'à l'abandon même.

Lettre 168

**Texte complémentaire 5. 4.
Une prière abandonnée**

J'ai remarqué que vous comptiez un peu trop sur votre recueillement et sur votre ferveur. Dieu a retiré ces dons sensibles pour vous en détacher, pour vous apprendre combien vous êtes faible par votre propre fonds, et pour vous accoutumer à servir Dieu sans ce goût qui facilite les vertus. On fait beaucoup plus pour lui en faisant les mêmes choses sans plaisir et avec répugnance. Je fais peu pour mon ami quand je le vais voir à pied en me promenant, parce que j'aime la promenade et que j'ai d'excellentes jambes avec lesquelles je me fais un très grand plaisir de marcher. Mais si je deviens goutteux, tous les pas que je fais me coûtent beaucoup ; je ne marche plus qu'avec douleur et répugnance : alors les mêmes visites que je rendais autrefois à mon ami et dont il ne me devait pas tenir un grand compte, commencent à être d'un nouveau prix ; elles sont la marque d'une très vive et très forte amitié ; plus j'ai de peine à les lui rendre, plus il doit m'en savoir gré : un pas a plus de mérite que cent n'en avaient autrefois.

[…] Marchez toujours, au nom de Dieu, quoiqu'il vous semble que vous n'ayez pas la force ni le courage de mettre un pied devant l'autre. Tant mieux que le courage humain vous manque. L'abandon à Dieu ne vous manquera pas dans votre impuissance. Saint Paul s'écrie : *C'est quand je suis faible que je suis fort.* Et quand il demande à être délivré de sa faiblesse, Dieu lui répond : *C'est dans l'infirmité que la vertu se perfec-*

tionne. Laissez-vous donc perfectionner par l'expérience de votre imperfection, et par un humble recours à celui qui est la force des faibles.

Occupez-vous avec une liberté simple dans l'oraison, de tout ce qui vous aidera à être en oraison et qui nourrira en vous le recueillement. Ne vous gênez point. Soulagez votre imagination, tantôt impatiente et tantôt épuisée. Servez-vous de tout ce qui pourra la calmer et vous faciliter un commerce familier d'amour avec Dieu. Tout ce qui sera de vôtre goût et de votre besoin, dans ce commerce d'amour, sera bon. *Là où est l'esprit de Dieu, là est la liberté.* Cette liberté simple et pure consiste à chercher naïvement dans l'oraison la nourriture de l'amour qui nous occupe le plus facilement du Bien-Aimé.

Lettre 106

Texte complémentaire 5. 5.
La vraie mort à soi-même est l'abandon

Vous savez qu'il faut porter la croix, et la porter en pleines ténèbres. Le parfait amour ne cherche ni à voir, ni à sentir : il est content de souffrir sans savoir s'il souffre bien, et d'aimer sans savoir s'il aime. Oh, que l'abandon sans aucun retour ni repli caché est pur et digne de Dieu ! Il est lui seul plus détruisant que mille et mille vertus austères et soutenues d'une régularité aperçue. On jeûnerait comme saint Siméon Stylite[129], on demeurerait des siècles sur une colonne, on passerait cent ans au désert comme saint Paul ermite : que ne ferait-on point de merveilleux et digne d'être écrit, plutôt que de mener une vie unie, qui est une mort totale et continuelle

---

129. On raconte que saint Siméon le Stylite, moine au IVe siècle, a passé toute sa vie dans la plus grande austérité, installé au sommet d'une colonne.

dans ce simple délaissement au bon plaisir de Dieu ! Vivez donc de cette mort, qu'elle soit votre unique pain quotidien.

Lettre 160

**Texte complémentaire 5. 6.
Ce qu'est l'amitié entre chrétiens**

Dieu rend l'amitié avec tous les autres dons jusqu'au centuple. On sent renaître au-dedans de soi ses anciennes inclinations pour les vrais amis : on ne les aime plus en soi et pour soi ; on les aime en Dieu et pour Dieu, mais d'un amour vif, tendre, accompagné de goût et de sensibilité ; car Dieu sait bien rendre la sensibilité pure : ce n'est pas la sensibilité, mais l'amour-propre, qui corrompt nos amitiés. Alors on se livre sans scrupule à cette chaste amitié, parce que c'est Dieu qui l'imprime ; on aime au travers de lui sans en être détourné ; c'est lui qu'on aime dans ce qu'il fait aimer.

Dans cet ordre de Providence, qui nous lie à certaines gens, Dieu nous donne du goût pour eux ; et nous ne craignons point de vouloir être aimés par ces personnes, parce que celui qui imprime ce désir l'imprime très purement, et sans aucun retour de propriété sur nous. On veut être aimé comme on voudrait qu'un autre le fût, si c'était l'ordre de Dieu. On s'y cherche pour Dieu, sans complaisance et sans intérêt propre. Dans cette résurrection de l'amitié, comme tout est sans intérêt et sans réflexion sur soi, on voit tous les défauts de son ami et de son amitié sans se rebuter.

Avant que Dieu ait ainsi purifié les amitiés, les personnes les plus pieuses sont délicates, jalouses, épineuses pour leurs meilleurs amis, parce que l'amour-propre craint toujours de perdre, et veut toujours gagner dans le commerce même qui paraît le plus généreux et le plus désintéressé : s'il ne cherche ni bien ni honneur dans l'ami, du moins il y cherche l'agrément du commerce, la consolation de la confiance, le repos du cœur, qui est la plus grande douceur de la vie, enfin le plaisir exquis d'aimer généreusement et sans intérêt. Otez cette consolation, troublez cette amitié qui semble si pure, l'amour-propre est désolé : il se plaint ; il veut qu'on le plaigne ; il se dépite ; il est hors de lui. C'est pour soi qu'on est fâché, ce qui marque que c'est soi-même qu'on aimait dans son ami. Mais quand c'est Dieu qu'on y aime, on y tient fortement et sans réserve ; et cependant si l'amitié se rompt par ordre de Dieu, tout est paisible au fond de l'âme : elle n'a rien perdu ; car elle n'a rien à perdre pour elle, à force de s'être perdue elle-même. Si elle s'attriste, c'est pour la personne qu'elle aimait, en cas que cette rupture lui soit nuisible. La douleur peut être vive et amère, puisque l'amitié était très sensible ; mais c'est une douleur paisible et exempte des chagrins cuisants d'un amour intéressé.

Il y a encore une seconde différence à remarquer dans ce changement des amitiés par la grâce. Tandis qu'on est encore en soi, on n'aime rien que pour soi, et l'homme renfermé en lui-même ne peut avoir qu'une amitié bornée suivant sa mesure ; c'est toujours un cœur rétréci dans toutes ses affections, et la plus grande générosité mondaine a toujours par quelque endroit des bornes étroites. Si la gloire de bien aimer mène loin, on s'arrêtera tout court dès qu'il arrivera ou qu'on pourra s'imaginer que cette gloire sera blessée. Pour les âmes qui sortent d'elles-mêmes et qui s'oublient véritablement en Dieu, leur amitié est immense comme celui en qui elles aiment.

Il n'y a que le retour sur nous qui borne notre cœur, car Dieu lui a donné je ne sais quoi d'infini par rapport à lui. C'est pourquoi l'âme qui ne s'occupe point d'elle-même, et qui se compte en tout pour rien, trouve dans ce rien l'immensité de

Dieu même : elle aime sans mesure, sans fin, sans motif humain ; elle aime parce que Dieu, amour immense, aime en elle.

Opuscule XXIII

6. François-Claude Milley (1668-1720)

Né en Franche-Comté, entré en 1685 chez les jésuites d'Avignon, le Père Milley exercera dans le Midi son ministère de prédication et de direction spirituelle, particulièrement auprès des visitandines. La supérieure du monastère d'Apt, Madeleine de Siry, sera sa correspondante privilégiée. Ils représentent l'un et l'autre la grande vitalité spirituelle provençale de la fin du XVIIe siècle que nous avons mentionnée à propos d'Alexandre Piny, et de laquelle François de Sales n'est pas absent. Alors qu'on l'a accusé lui aussi de quiétisme, les faits nous montrent au contraire le Père Milley animé d'une charité infatigable, au point de mourir en soignant les pestiférés de Marseille au cours de la terrible épidémie de 1720. Il nous reste de lui une centaine de lettres qui poussent à l'extrême l'attitude salésienne d'abandon.

Texte complémentaire 6. 1.
L'indifférence à sa propre perfection

Dieu veut que vous vous abandonniez à lui, que vous vous désoccupiez totalement de vous et de tout ce qui vous regarde. Plus aucun retour, ni sur vous, ni sur votre progrès dans la vertu, ni sur les moyens d'acquérir cette vertu. En un mot, que vous vous oubliiez vous-même, comme une personne qui n'est plus rien, qui n'a plus rien à craindre ni à rechercher, à perdre ni à gagner, parce qu'elle est perdue et abîmée en son Dieu qui lui tient lieu de tout, qui est lui-même en elle, qui agit par elle, qui anime ses pensées, son cœur et son esprit, et qui ne demande d'elle autre chose, sinon qu'elle le laisse faire et qu'elle ne trouble pas l'opération divine par la sienne propre.

C'est le véritable sens de ces paroles de saint Paul : *Je vis, non, ce n'est plus moi qui vis, c'est Jésus-Christ qui vit en moi*[130].

Tandis que nous cherchons encore avec empressement ce qui se passe en nous, que nous voulons savoir si nous avançons ou non, si nous acquérons du mérite ou des vertus, il me semble que nous ne sommes dans le fond occupés que de nous-mêmes, que notre propre intérêt nous tient lieu de tout, et nous laissons le bon Dieu, à qui seul devraient tendre toutes nos pensées, tous nos désirs, et qui mérite seul d'occuper toute notre attention, toute notre occupation et tout notre amour. Je ne dis pas qu'on doive mépriser ces moyens, on ne peut aller à Dieu que par là, mais si on s'arrête toujours à ces moyens on n'arrivera jamais pleinement à Dieu. […]

Ce renoncement ne consiste pas seulement à rejeter toute attache aux richesses, aux plaisirs, aux honneurs, ce n'est là que le premier pas : il y a quelque chose à quoi nous tenons davantage, c'est à notre propre volonté, à nos vues particulières pour pratiquer ou acquérir la vertu, à cette multiplicité d'actes et de pratiques, sans quoi nous croyons tout perdre. Hélas ! sur quoi nous appuyons-nous ? Un fondement si ruineux (puisque ce n'est que l'ouvrage de la créature) peut-il porter ce grand édifice de la perfection ? Non, sans doute. Il faut se dépouiller de tout cela, regarder tout cela comme rien, s'élever au-dessus de soi-même, pour s'écouler en Dieu notre premier principe, par une simple inclination ; nous attacher à lui par un regard simple, par une foi obscure, débarrassée de ce tumultueux amas d'actes réitérés, qui ne servent qu'à nous

---

130. Ga 2, 20.

étourdir et à nous rappeler à nous-même. [...] C'est-à-dire que c'est par lui qu'il faut aller à Lui.

Lettre à une religieuse, 1709

7. Jean-Pierre de Caussade (1675-1751)

D'une noble famille du Quercy, Jean-Pierre de Caussade étudia chez les jésuites de Cahors, avant d'entrer en 1693 dans la Compagnie à Toulouse. Il enseigne jusqu'en 1720 dans de nombreux collèges du Midi de la France, avant d'en parcourir aussi le Nord et l'Est comme missionnaire, prédicateur et directeur spirituel. En Lorraine, son amitié pour le monastère de la Visitation sera occasion de ses Instructions spirituelles *et de l'essentiel de sa correspondance. Proche de Fénelon et dans le droit fil de la tradition salésienne, lecteur des maîtres du Carmel, il sera peu à peu mis à l'écart à partir de 1731 par le jansénisme envahissant.*

Texte complémentaire 7. 1.
Ne pas se méfier de l'abandon

Toute la difficulté de l'abandon est dans sa simplicité ! On ne peut en faire de provisions, on ne peut lui réclamer des garanties, on ne peut anticiper ses conséquences : il est la confiance à l'état pur, ou si l'on préfère, l'amour à l'état pur.

Vous croyez vous perdre, dès que vous pensez à vous abandonner, et c'est cependant le plus efficace moyen de salut que d'en venir à ce parfait et total abandon. [...] Mais, direz-vous, si j'avais vécu saintement et fait de certaines bonnes œuvres ? — Et voilà précisément en quoi consiste cette faible et malheureuse confiance qu'on voudrait toujours avoir en soi-même, au lieu de la mettre toute uniquement en Dieu seul et aux mérites infinis de Jésus-Christ. Jamais vous n'avez bien voulu pénétrer comme il faut ce point essentiel, mais toujours vous vous arrêtez à examiner vos craintes et vos doutes, au lieu de vous mettre au-dessus pour vous jeter à l'aveugle et à corps perdu entre les mains de Dieu et dans son sein paternel ; c'est-à-dire que vous voudriez toujours avoir de certaines assurances de votre part pour mieux vous abandonner. Oh ! certes, ce n'est plus là le véritable abandon à Dieu par une totale confiance en lui seul, mais bien un désir secret de pouvoir s'assurer de soi-même avant que de s'abandonner à Dieu, comme un criminel d'État qui, avant que de s'abandonner à la clémence du roi, voudrait avoir des assurances de son pardon ! Cela s'appelle-t-il ne compter que sur Dieu, n'espérer rien que de Dieu, ne se confier qu'en Dieu ? Jugez-en vous-même. Et voilà cependant l'abandon par confiance filiale, auquel Dieu vous appelle depuis si longtemps, mais au lieu d'entrer dans cette confiance filiale, vous vous laissez tyranniser et crucifier par la crainte des esclaves.

[…] Mais que deviendra donc le soin de mon salut ? — Eh quoi ! ignoreriez-vous encore que le moyen le plus sûr d'y réussir, c'est d'en laisser entièrement le soin à Dieu, pour ne s'occuper plus que de lui, comme ferait un homme qui, au service d'un grand roi qui se l'est attaché, s'abandonnerait entièrement à lui pour sa fortune, ne pensant qu'au service et aux intérêts de son maître ? Croyez-vous que, par cette voie si généreuse, il ne ferait pas mieux ses affaires que d'autres, intéressés, qui ne pensent jamais qu'à ce qu'ils pourront gagner ou obtenir ?

Lettre 103

Texte complémentaire 7. 2.
L'abandon ne réclame aucun retour

Vous faites bien de tâcher de vous tenir toujours dans l'état d'une parfaite résignation et entière soumission à toutes les volontés de Dieu : c'est en quoi consiste toute la perfection. Mais, en ce point comme en tout autre, il faut savoir distinguer deux sortes de résignation : l'une sensible, avec goût, repos et suavité intérieure, et l'autre insensible, sèche, sans goût, avec répugnance et mille révoltes intérieures, telle que celle dont vous me parlez. La première est bonne, fort agréable à la nature et, en cela même, un peu dangereuse ; car il est bien naturel de s'attacher fortement à ce que l'on goûte. La seconde, toute pénible et désagréable qu'elle paraît à l'amour-propre, est plus parfaite, plus méritoire et nullement dangereuse, puisqu'on ne peut s'y plaire que par la pure foi et par l'amour pur. Efforcez-vous donc d'agir par ces motifs ; car, quand on s'accoutume à n'agir que par des attraits sensibles, par goût et par sentiment intérieur, on ne fait plus rien quand cela manque, au lieu que les motifs de la foi ne manquent jamais. Ce n'est que pour nous engager peu à peu à agir par ces derniers motifs que Dieu ôte si souvent les sentiments et les goûts, sans quoi nous demeurerions toujours dans l'enfance.

Lettre 30

Texte complémentaire 7. 3.
Quand on ne se sent aucun courage

Quand on est en bonne forme, on se croit capable de soulever des montagnes... précisément parce qu'on est en bonne forme ! Le propre de la fatigue est de nous ôter l'envie de lutter : ce n'est pas manque de volonté, mais fatigue, tout simplement ! Alors, au lieu de nous en culpabiliser, acceptons paisiblement de ne pas pouvoir faire mieux.

Sachez que souffrir faiblement et petitement, c'est-à-dire sans sentir beaucoup de courage et comme si on était accablé de son mal et à deux doigts de s'en lasser, de s'en plaindre et de se livrer aux révoltes de la nature, sachez, dis-je, que c'est une très grande grâce, parce qu'on souffre alors avec humilité et petitesse de cœur, au lieu que, si on se sentait un certain courage, une certaine force, une résignation bien sensible, le cœur s'en enflerait : on deviendrait sans s'en apercevoir plein de confiance en soi-même, intérieurement superbe et présomptueux, au lieu qu'autrement on se trouve faible et petit devant Dieu, humilié et tout confus de souffrir si faiblement.

C'est ici une vérité certaine, très consolante, fort cachée, tout intérieure et peu connue. Souvenez-vous en dans toutes les occasions où, sentant de la peine des croix et des souffrances, vous sentez aussi votre faiblesse, adhérant pourtant toujours au-dessus de vous-même en paix et simplicité à tout ce que Dieu veut…

Mais, direz-vous, que deviendrai-je après ceci ou cela ? Le voici : je n'en sais rien et je n'en veux rien savoir, car je serais bien fâchée de me tirer de cet heureux état d'abandon qui me fait vivre dans une entière et absolue dépendance de Dieu. Vivre au jour la journée, heure à heure, moment à moment, sans m'embarrasser de tout l'avenir, ni du jour de demain. Demain aura soin de lui-même : le même qui nous soutient aujourd'hui nous soutiendra demain par sa main invisible. La manne du désert n'était donnée que pour le jour présent : quiconque, par défiance ou par une fausse sagesse, en ramassait pour le lendemain, la trouvait corrompue[131]. Ne nous faisons pas, par notre industrie et par notre prévoyance inquiète et aveugle, une Providence aussi fautive que celle de Dieu est éclairée et pleine d'assurance. Comptons uniquement sur ses soins paternels, abandonnons-nous-y entièrement pour tous nos intérêts temporels, spirituels et même éternels.

Voilà le vrai et total abandon qui engage Dieu à avoir soin de tout, à l'égard de ceux qui lui abandonnent tout pour honorer ainsi en esprit et en vérité son souverain domaine,

---

131. Allusion à Ex 16, 24.

sa puissance, sa sagesse, sa bonté, sa miséricorde et toute ses infinies perfections. Amen, amen.

Lettre 19

8. Magdeleine de Siry (1680-1738)

Née en Saône-et-Loire vers 1680, Magdeleine de Siry fut confiée à la Visitation dès l'âge de 9 ans. Elle y passera toute son existence comme supérieure de diverses communautés. À Apt, elle rencontre le Père Milley[132], avec lequel elle entretiendra une abondante correspondance spirituelle. On y retrouve la même radicalité de l'abandon : celui-ci ne nous procure ni le salut, ni le bonheur, ni même la paix, mais il est en lui-même le salut, le bonheur et la paix, et c'est pourquoi on ne peut pas l'acquérir ni le fabriquer, on ne peut que... s'y abandonner !

Texte complémentaire 8. 1.
Pas d'assurance contre l'abandon !

On prend quelquefois le change lorsque l'on cherche à s'assurer : ce n'est pas en cherchant des assurances qu'on s'assure ; on ne fait pas son salut en ne voulant que s'assurer ; mais on a tout ce qu'on peut avoir d'assurance en Dieu par l'abandon, car lui-même est le véritable salut, la lumière et la vie ; salut, lumière et vie que l'on possède et qu'on ne peut avoir qu'en lui.

Enfin, Dieu est non seulement l'objet de notre salut, mais notre salut même. L'âme ne doit avoir tellement que Dieu seul pour objet de son salut, qu'elle ne peut sans infidélité, sans danger, s'appuyer sur le mérite de ses œuvres ; elle ne doit voir, aimer, désirer ou prétendre de beauté, de profit, de bonté, ni d'avantages que Dieu ; elle ne doit admirer, rechercher et reconnaître dans sa Providence, sa justice, sa miséricorde et sa volonté que lui-même. Car enfin, qu'est-ce que s'attacher aux dons de Dieu, s'approprier ses grâces, sinon s'attacher en

---

132. *Cf.* texte 6. 1.

tout cela à l'intérêt propre, aimer mieux les dons que celui qui les fait ? […]

Dès qu'on vous abandonne tout, Seigneur, vous prenez soin de tout. À la bonne heure, faites vous-même ! Je n'ai point de mesure plus sûre que de n'en point prendre, rien de plus certain que de ne point chercher de certitude. Je suis perdue en vous, je vais par la voie de ce monde ; j'y marche devant vous sans prévoyance et néanmoins sans rien craindre, sans bourse, sans souliers, sans provisions, sans appui, sans défense. Je n'ai nul besoin des sens pour vous voir : vous êtes ma vue et l'objet sur lequel elle s'arrête ; vous êtes mon Dieu, vous êtes mon âme et l'unique son dont elle est frappée. Vous êtes mon entendement et tout ce que vous voulez lui faire comprendre ; enfin, vous êtes mon cœur, mon amour et l'objet de mon amour.

Retraite de 1708

9. Charles Gay (1818-1892)

Né à Paris dans une famille bourgeoise aisée, Charles Gay sera élevé dans l'indifférence religieuse des lendemains de la Révolution. Les rencontres de Lacordaire et d'Ozanam l'orienteront vers le sacerdoce qu'il reçoit en 1845. Tenté par la vie monastique, que le saint curé d'Ars lui déconseillera, il sera finalement appelé à Poitiers par le futur cardinal Pie, qui en fera son principal collaborateur, notamment dans la préparation du concile Vatican I, puis son évêque auxiliaire. Musicien lié à Gounod, prédicateur lié au Père Lacordaire, formateur d'âmes lié au Père Libermann, Mgr Gay fut l'un des grands acteurs de la résistance spirituelle à la laïcisation de la France du XIXe siècle. Lue par toutes les communautés religieuses féminines de son temps, la *page que nous citons ici ouvrira à sainte Thérèse de l'Enfant-Jésus la voie toute salésienne de l'enfance spirituelle :*

Texte complémentaire 9. 1.
Devenir comme les petits enfants

Il y a trois cieux dont parle l'Ecriture. Tous trois sont le ciel assurément ; cependant le troisième est sans comparaison plus haut que le premier. Et de même dans ce ciel des vertus qui est le divin amour, il y a trois degrés, trois états de l'amour, et, pour ainsi parler, trois cieux. Il y a l'amour pur et simple qui aime Dieu par-dessus toutes choses et le prochain pour l'amour de Dieu ; au-dessus il y a l'amour qui souffre et qui aime à souffrir ; plus haut enfin, il y a l'amour qui n'aime absolument plus rien, si ce n'est le bon plaisir du bien-aimé, et qui, saintement indifférent à tout le reste, s'abandonne tout entier à Dieu pour souffrir ou pour jouir, pour vivre ou pour mourir, pour être quelque chose ou pour n'être rien. […] C'est de ce troisième ciel qu'est parti Jésus-Christ. En effet, *que dit-il en faisant son entrée dans le monde ? Me voici, je viens pour faire votre volonté*[133]. Quoi pourtant ! ne vient-il pas prêcher, travailler, souffrir, mourir, vaincre l'enfer, fonder l'Église et sauver le monde par sa Croix ? Mais s'il veut tout cela, c'est que telle est l'éternelle volonté de son Père. C'est cette volonté seule qui le touche et le décide. Voyant tout le reste, c'est elle seule pourtant qu'il regarde ; c'est d'elle seule qu'il parle, et d'elle seule qu'il prétend dépendre. Principe, fin, raison, lumière, appui, demeure, aliment, récompense, cette volonté divine lui est tout. Il s'y pose donc, il s'y réduit, il s'y enferme ; et faisant plus tard tant de choses, des choses si relevées, si inouïes, si surhumaines, il ne fera jamais que cette chose très simple, en laquelle nos petits enfants sont capables

---

133. Hb 10, 5.

de l'imiter : il fera la volonté du Père céleste, il s'y livrera sans réserve et y vivra tout abandonné. [...]

Nous parlons d'abandon, nous ne parlons plus d'obéissance. L'obéissance, qui est une soumission de la liberté créée à la volonté de Dieu, a bien une parenté étroite avec la douce pratique qui nous occupe ; cependant, à regarder les choses dans leur fond, il convient de l'en distinguer. C'est assez pour cela que l'obéissance se rattache à la vertu théologale de charité. Nous ne disons pas non plus résignation, quoique la résignation regarde naturellement la volonté divine, et ne la regarde que pour y céder. Mais elle ne livre pour ainsi dire à Dieu qu'une volonté vaincue, une volonté, par conséquent, qui ne s'est pas rendue tout d'abord, et qui ne cède qu'en se surmontant. L'abandon va beaucoup plus loin.

Le terme d'acceptation ne serait pas non plus le mot propre. La volonté de l'homme acceptant celle de Dieu, semble, si régulièrement et si humblement qu'elle le fasse, se poser vis-à-vis de Dieu comme partie contractante, et ne se subordonner à lui qu'après avoir bien constaté ses droits. Cela ne nous mène pas où nous voulons aller.

L'acquiescement nous y mènerait presque. C'est un doux mot, plein d'onction, de lumière et de grâce. L'Écriture l'emploie : *L'amour fidèle acquiesce à Dieu*[134]. Toutefois, n'entrevoit-on pas qu'un tel acte implique encore une légère discussion intérieure, après laquelle la volonté, d'abord émue en face du saint vouloir de Dieu, s'apaise ensuite et se laisse faire ? [...]

Le mot propre ici, c'était donc l'abandon. L'acte doux, plein, vivant, ineffable qu'il signifie, n'est-il pas en effet l'inclination la plus naturelle, le besoin le plus intérieur, et par-là même le plus impérieux, enfin l'acte suprême, l'acte décisif de l'amour ? S'abandonner, c'est plus que se donner. Jésus s'est donné dans l'Incarnation ; il s'est abandonné dans sa Passion ;

---

134. Sg 3, 9.

il reste abandonné dans l'Eucharistie. Aussi la croix et l'autel, qui, dans leur dernier fond, ne sont que deux aspects d'une même chose, la croix, dis-je, et l'autel sont le dernier mot de l'amour de Jésus.

S'abandonner, c'est se renoncer, se quitter, s'aliéner, se perdre, et tout ensemble se livrer sans mesure, sans réserve, et presque sans regard, à celui qui doit posséder. S'abandonner, c'est s'écouler. Vous savez ce que dit l'Épouse des Cantiques : *Mon âme s'est liquéfiée, dès que mon bien-aimé a parlé*[135]. Ce qui est liquide n'a plus de forme par soi-même. La forme d'une liqueur, c'est le vase qui la contient : mettez-la dans dix vases différents, elle y prend dix formes différentes, et elle les prend dès qu'elle y est versée. Telle est l'âme qui s'abandonne : elle fond en eau sous la parole de Dieu ; non la parole qui tonne, non pas même la parole qui commande, mais la parole du simple désir et de la moindre préférence. Saint François de Sales dit qu'elle trépasse : heureux et saint trépas ! « Nous disons des morts qu'ils sont trépassés, écrit-il, signifiant que la mort n'est que le passage d'une vie à une autre, et que mourir n'est autre chose qu'outrepasser les confins de cette vie mortelle pour aller à l'immortelle. Certes, notre volonté ne peut pas mourir, non plus que notre esprit. Mais elle outrepasse quelquefois les limites de sa vie ordinaire, pour vivre toute en la volonté de Dieu. C'est lorsqu'elle ne sait, ni ne veut rien vouloir, mais s'abandonne totalement au bon plaisir de la divine Providence, se mêlant et détrempant tellement avec ce bon plaisir, qu'elle ne paraît plus, mais est toute cachée avec Jésus-Christ en Dieu où elle vit, non pas elle, mais la volonté de Dieu en elle[136]. »

L'abandon est donc la pâque de l'âme ; son immolation d'un côté, mais sa consommation divine de l'autre. Car,

---

135. Ct 5, 6.
136. *Traité de l'Amour de Dieu*, IX, 9.

prenez-y bien garde, c'est Dieu seul qui est l'objet direct de cet acte excellent. […] Ce n'est pas précisément aux choses voulues de Dieu qu'il faut s'abandonner d'abord, ni même, j'oserais le dire, aux volontés spéciales de Dieu. Ces choses peuvent être amères ; ces volontés peuvent sembler dures ; mais Dieu, notre bon Dieu, n'est ni dur ni amer : c'est en lui qu'il faut s'écouler, trépasser et se perdre ; c'est à lui, et à lui seul, qu'il s'agit de s'abandonner. Cela fait, on pourra beaucoup plus aisément rester livré à ses divers vouloirs, et à tout ce qui en sort pour nous d'extérieur et de pratique. L'enfant qui s'abandonne aux bras de sa mère, se livre par-là même à tous les mouvements que sa mère trouvera bon qu'il fasse avec elle : ces mouvements, s'il les prévoyait, pourraient bien l'effrayer ; sa mère ne lui fait jamais peur.

Voyez donc Dieu tout seul, et tout le reste à travers lui. Dites-vous-le bien, c'est à Dieu même que vous avez affaire. Les yeux de la sagesse éternelle, les bras de la toute-puissance, les mains de la fidélité, le sein de l'amour, c'est à quoi très immédiatement l'abandon livre une âme. Est-ce fait pour épouvanter ?

[…] Dirai-je le dernier nom de ce bienheureux et sublime état ? C'est la vie des enfants de Dieu, c'est la sainte enfance spirituelle. Oh ! que cela est parfait ! plus parfait que l'amour des souffrances ; car rien n'immole tant l'homme que d'être sincèrement et paisiblement petit. L'orgueil est le premier des péchés capitaux : c'est le fond de toute concupiscence, et l'essence du venin que l'ancien serpent a coulé dans le monde. L'esprit d'enfance le tue bien plus sûrement que l'esprit de pénitence. L'homme se retrouve aisément quand il lutte avec la douleur ; il peut s'y croire grand, et s'y admirer lui-même ; s'il est vraiment enfant, l'amour-propre est désespéré. L'âpre rocher du calvaire offre encore quelque pâture à la vanité ; si dépouillé qu'il soit, c'est une montagne : à la crèche, tout le vieil homme meurt forcément d'inanition. Or, pressez ce béni mystère de Bethléem, pressez ce fruit de la sainte enfance, vous n'en ferez jamais sortir que l'abandon.

De la vie et des vertus chrétiennes, II, « De l'abandon »

Texte complémentaire 9. 2.
Le chrétien n'est pas un surhomme

Certainement, le chrétien est beaucoup plus qu'un homme ; mais d'abord il est homme. Il monte plus haut que sa nature, il ne la supprime point, il ne la fausse point. Saint Augustin, parlant des pleurs qu'on verse sur les défunts, dit cette parole exquise : « Mieux vaut au cœur humain pleurer et se consoler, que de cesser, en ne pleurant pas, d'être un vrai cœur humain. » Il faut le dire de toute douleur. Ô vous que j'exhorte ici, souffrez très simplement et demeurez dans la vérité ! Il est parfaitement vrai que la douleur est une violence ; il est très simple aussi qu'on ne soit pas violenté de plein gré. Ne croyez donc pas qu'une certaine mesure de larmes, de soupirs, d'effroi, d'ennui, d'hésitation, d'accablement, soit opposée à la résignation chrétienne et en diminue nécessairement la perfection. Saint Paul, si vaillant, si magnanime, si constamment, si totalement uni à Dieu, confessait cependant qu'à force d'être affligé, il s'ennuyait de vivre[137]. Ne vous scandalisez donc jamais de voir votre prochain dans ces états. Si même il vous paraît qu'il y excède, dites-vous qu'en beaucoup de cas, cela tient principalement à une plus grande faiblesse physique ou à une sensibilité plus délicate. Pourquoi si aisément penser que c'est manque de vertu ? On peut être d'un tempérament très nerveux et, par suite, très impressionnable ; on peut être très

---

137. II Co 1, 8.

tendre de cœur et prompt aux larmes, bien que l'on ait l'âme très courageuse et une très énergique volonté.

De la vie et des vertus chrétiennes, II, « De la douleur chrétienne »

10. Vital Lehodey (1857-1948)

Né au diocèse de Coutances, Vital Lehodey est ordonné prêtre avant d'entrer à la Trappe de Bricquebec, dans la Manche, en 1890. Il en devient prieur, puis abbé en 1895, et se réfugiera avec ses moines en Angleterre durant les années d'expulsion des religieux de France. Grand contemplatif, spirituellement très lié à cette autre normande que fut Thérèse de l'Enfant-Jésus, ses ouvrages connurent un large succès jusque dans les années cinquante. Le Saint Abandon, *véritable anthologie de textes de saint François de Sales et de ses disciples, nous invite à entrer dans cette attitude salésienne de base.*

Texte complémentaire 10. 1.
L'insondable bonté de Dieu

Quel est Celui qui veille sur nous avec amour, et qui dispose de nous par sa Providence ? C'est le bon Dieu. Il est tellement bon, qu'il est la bonté par essence, et la Charité même, et, dans ce sens, *personne n'est bon que Dieu seul*[138]. Il a paru des saints qui ont merveilleusement participé à cette bonté divine. Et cependant les meilleurs parmi les hommes n'ont eu qu'un ruisseau, une rivière, ou tout au plus un fleuve de bonté, tandis que Dieu est l'océan de la bonté, une bonté inépuisable et sans limites. Après qu'il aura versé sur nous des bienfaits presque innombrables, qu'on ne le croie ni fatigué de se répandre, ni appauvri par ses dons : il lui reste encore infiniment de bonté à dépenser. À vrai dire, plus il donne, plus il s'enrichit ; car il y gagne d'être mieux connu, aimé et servi, du moins par les nobles cœurs. Il est bon pour tous :

---

138. Mc 10, 18.

Il fait luire son soleil sur les bons et les méchants, il fait tomber la pluie sur les justes et les pécheurs[139]. Il ne se lasse pas d'être bon : à la multitude de nos fautes il oppose *la multitude de ses miséricordes*[140], pour nous conquérir à force de bonté. Il faut bien qu'il punisse, car il est infiniment juste comme il est infiniment bon ; mais, alors même qu'il se fâche, *il n'oublie pas la miséricorde*[141].

Ce Dieu si bon, c'est *notre Père qui est aux Cieux*. Comme il affectionne ce titre de Dieu bon et nous rappelle à satiété ses miséricordes, de même il aime à se proclamer notre Père. Parce qu'il est si grand et si saint, et nous si petits et si pécheurs, nous aurions eu peur de lui ; pour gagner notre confiance et notre affection, il ne cesse de nous répéter, dans nos saints livres, qu'il est notre Père et le père des miséricordes. *C'est de lui que toute paternité dérive au Ciel et sur la terre*[142], et personne n'est père comme notre Père des Cieux. Il est père par le dévouement, mère par la tendresse. Ici-bas, rien n'est comparable au cœur d'une mère pour l'oubli de soi, l'affection profonde, la miséricorde inlassable ; rien n'inspire autant la confiance et l'abandon ; et cependant Dieu surpasse infiniment pour nous la meilleure des mères. *Une femme peut-elle oublier son enfant, n'avoir pas compassion du fruit de ses entrailles ? Et quand même elle l'oublierait, moi je ne vous oublierais pas*[143]. *Celui qui a aimé le monde au point de lui donner son Fils unique*[144], que pourrait-il nous refuser ? Il sait bien mieux que nous de quoi nous avons besoin pour le corps et pour l'âme : il veut être prié, mais il nous reprochera seulement de ne pas demander assez, et il ne donnera pas une pierre à son enfant qui lui demande

---

139. Mt 5, 45
140. Ps 50, 3.
141. Ha 3, 2.
142. Ep 3, 14.
143. Is 49, 15.
144. Jn 3, 16.

du pain. Et s'il faut qu'il sévisse pour nous empêcher de courir à notre perte, c'est son cœur qui arme son bras : il mesure les coups, et dès qu'il le jugera bon, il essuiera nos larmes et versera le baume sur la blessure. Croyons à l'amour de Dieu pour nous, et ne doutons jamais du cœur de notre Père.

C'est notre Rédempteur qui veille sur nous. Il est plus qu'un frère, plus qu'un incomparable ami, c'est le médecin de nos âmes, notre Sauveur par état. Il est venu *sauver le monde de leurs péchés*[145], guérir les maladies spirituelles, nous apporter *la vie et une vie plus abondante*[146], *allumer sur la terre le feu du ciel*[147]. Nous sauver, voilà son rôle, sa mission, sa raison d'être ; réussir dans cette mission, voilà sa gloire et son bonheur. Pourrait-il se désintéresser de nous ? Sa vie de travaux et d'humiliations, son corps sillonné de blessures, son âme abreuvée de douleur, le Calvaire et l'autel, tout nous montre qu'il a fait pour nous des folies d'amour : *Il nous a achetés à si haut prix !*[148] Comment ne lui serions-nous pas chers ? En qui aurions-nous confiance, si ce n'est en ce doux Sauveur sans lequel nous étions perdus ? N'est-il pas, d'ailleurs, l'époux de nos âmes ? Dévoué, tendre et miséricordieux à l'égard de chacune, il chérit d'une prédilection marquée celles qui ont tout quitté pour ne s'attacher qu'à lui seul ; il fait ses délices de les garder près de son tabernacle, et de vivre avec elles dans la plus douce intimité.

[…] Ne mettons jamais en doute l'amour de Dieu pour nous. Croyons sans faiblir à la sagesse, à la puissance de notre Père qui est aux cieux. Si nombreuses que soient les difficultés, si menaçants que puissent être les événements, prions, faisons ce que demande la prudence, acceptons d'avance

---

145. Mt 1, 21.
146. Jn 10, 10.
147. Lc 12, 49.
148. I Co 6, 20.

l'épreuve si Dieu la veut, abandonnons-nous avec confiance à notre bon Maître, et moyennant cela, tout, absolument tout, tournera au bien de notre âme. L'obstacle des obstacles, le seul qui puisse faire échouer les amoureux desseins de Dieu sur nous, ce serait notre manque de confiance et de soumission, car il ne veut pas faire violence à notre liberté.

Le Saint Abandon, II, chap. 3-4

Texte complémentaire 10. 2.
Une lecture providentielle des événements

Tous nos cheveux sont comptés et il n'en tombe pas un seul sans la permission de notre Père qui est aux cieux[149]. Y a-t-il rien d'insignifiant comme la chute d'un de nos cheveux ? Cependant, Dieu y pense. À plus forte raison : j'ai faim ? Dieu, y pense ; j'ai soif ? Dieu y pense ; j'entreprends un travail ? Dieu y pense ; je dois choisir un état de vie ? Dieu y pense ; dans cet état, certaines difficultés se rencontrent ? Dieu y pense ; pour résister à telle tentation ou remplir tel devoir, j'ai besoin de telle grâce ? Dieu y pense ; dans le cours de mon voyage vers l'éternité, il me faut le pain quotidien de l'âme et du corps ? Dieu y pense ; quand arriveront mes derniers jours, un redoublement de grâces me sera nécessaire ? Dieu y pensera ; me voici sur mon lit de mort, à mon dernier soupir, si on ne vient à mon secours je suis perdu ? Dieu y pense. Et ainsi, moi qui ne suis qu'un atome insignifiant dans le monde, j'occupe jour et nuit, sans cesse et partout, la pensée et le cœur de mon Père qui est aux cieux. Oh ! Que cette vérité de foi est profondément touchante et pleine de réconfort !

Mais si la Providence combine elle-même ses desseins sur moi, elle en confie l'exécution, au moins pour une large part, aux causes secondes. Elle emploie le soleil, le vent, la

---

149. Mt 10, 30.

pluie ; elle met en mouvement le ciel et la terre, les éléments insensibles et les causes intelligentes. Mais comme les créatures n'ont d'action sur moi qu'autant qu'il leur en donne, je dois voir en chacune d'elles un réceptacle de la Providence et l'instrument de ses desseins. Par conséquent, dans le froid qui me saisit, je découvrirai la Providence ; dans la chaleur qui me dilate, la Providence ; dans le vent qui souffle et pousse mon navire loin ou près du port, la Providence ; dans le succès qui m'encourage, la Providence ; dans l'adversité qui m'éprouve, la Providence ; dans cet homme qui me fait de la peine, la Providence ; dans cet autre qui me fait plaisir, la Providence ; dans cette maladie, dans cette guérison, dans cette tournure que prennent les affaires publiques, dans ces persécutions, dans ces triomphes, la Providence ; toujours la Providence. Rien n'est plus juste que de voir ainsi Dieu en toutes choses, et combien cette manière de faire n'est-elle pas reposante et sanctifiante !

Le Saint Abandon, II, chap. 2

Texte complémentaire 10. 3.
La Providence dans les ennuis

Puisque *c'est le Très-Haut qui a créé les médecins et les remèdes*[150], il est dans l'ordre de la Providence que l'on y recoure au besoin, les séculiers avec une sage modération, les religieux selon l'obéissance. Mais Dieu tient dans sa main souveraine le mal, le remède et le médecin. *Ce ne sont pas les plantes ni les cataplasmes, c'est votre parole, Seigneur, qui guérit toutes choses*[151]. Dieu a guéri jadis, il guérit encore à son gré, sans le moindre secours humain, comme lorsque Notre Seigneur d'un mot rendait la santé. […] Et malgré la science des docteurs, malgré le dévouement des infirmiers, malgré l'énergie des remèdes, il

---

150. Si 38, 1-4.
151. Sg 16, 12.

laisse languir qui il veut, et chacun finit par mourir, le plus fameux savant comme le dernier de ses clients. Dieu est donc le maître absolu de la santé et de la maladie. [...] Si donc, en dépit des médecins et des remèdes, le mal se prolonge et les infirmités subsistent, il faut adorer, dans une humble et filiale soumission, la sainte volonté de Dieu. Le Seigneur n'a pas permis que le médecin voie juste ou que le remède opère, peut-être même a-t-il voulu que les soins aggravent le mal au lieu de le guérir ? Il ne l'a fait que dans un dessein paternel et pour le bien de notre âme. À nous d'en profiter.

Le Saint Abandon, III, chap. 4

Table des matières

Aux dévots des temps modernes 5

Avant propos 7

**Pour faire connaissance
avec saint François de Sales** 9
    La formation d'un gentilhomme 9
    Du gentilhomme à l'homme d'Église 11
    L'apprentissage d'un évêque 11
    La maturité du pasteur 12

Pour aller plus loin 14

**Chapitre premier
La dévotion, sainteté du laïc** 15
    Qu'est-ce que la « dévotion » ? 16
    Le choix de la perfection 22
        Sainteté de commandement
        et sainteté de conseil 22
        Est-il obligatoire d'être parfait ? 26
        Un choix appuyé sur celui
        que le Christ a fait de nous 27
    « Qu'il faut avoir bon courage. » 29

**Chapitre 2
Le dévot et la prière : l'oraison dans le siècle** 31
    Les préalables à une vie de prière 31
    De la nécessité de l'oraison 33

L'apprentissage de l'oraison 35
  Se mettre en présence de Dieu......................................36
  Invoquer Dieu 37
  Entrer dans le mystère
    par sa représentation...37
  De l'imagination à l'intelligence 38
  De l'intelligence à la volonté 39
  De la prière à l'action..41

Chapitre 3
**Le dévot et les biens de ce monde :
une pauvreté éclairée** 45
  Le dévot dans les affaires 45
  Abondance matérielle et pauvreté spirituelle 48
    La pauvreté
      quand on est dans l'abondance...............................48
    Nos richesses ne nous appartiennent pas ;
      le vrai détachement 50
    La pauvreté
      quand on est dans l'indigence.................................53
  La pauvreté dévote 55
    La pauvreté : se dépouiller du superflu......................55
    La pauvreté : se contenter de ce que l'on a 57

Chapitre 4
**Le dévot et ses relations :
un amour universel** 61
  L'équilibre de l'amour 61
  L'amitié, forme privilégiée
    de l'amour fraternel 63
  La pratique de l'amour fraternel....................................67
    Dans la vie quotidienne..67
    De l'amour de Dieu
      à l'amour du prochain 69

    L'art de supporter son prochain 71
    La charité dans les conversations 73
    L'équilibre de la charité 76
  Conclusion : aimer du cœur du Christ 77

Chapitre 5
Le dévot en son ménage :
l'agréable vertu de chasteté 79
  Amour ou amourettes ? 79
  Aimer dans le mariage 81
    Qu'est-ce que l'amour conjugal ? 81
    Les fondements d'une vie chaste 83
    « De l'honnêteté du lit nuptial » 84

Chapitre 6
Le dévot, le jeune, les efforts et les mortifications 89
  Jeûner par devoir ou par amour ? 90
    Un jeûne équilibré 94
  La vraie valeur des mortifications 96
    L'obéissance vaut mieux
    que les sacrifices 96
  Quels efforts nous sont demandés
  par le Seigneur ? 101

Chapitre 7
Le dévot et les événements :
l'abandon à la Providence 107
  L'abandon, ou la foi au quotidien 107
    Avancer « tout bellement », « tout doucement » 107
    Le fondement spirituel de l'abandon 109
    La conscience de notre péché,
    ressort de l'abandon 112
  La mystique de l'abandon 114

Chapitre 8
**Le dévot dans le monde et la cité :
tenir sa vraie place** 119
   La hiérarchie des vocations 120
   Quand notre vocation est dans le siècle 124
      Bien dans sa tête et bien dans sa peau 124
      Le « qu'en dira-t-on ? » 126
      La fierté d'être chrétien 128
      Tenir sa place,
         rien que sa place, toute sa place 133
      L'élégance de s'excuser 135
      Des loisirs innocents aux loisirs périlleux… 136
      …mais parfois tolérables 137

Chapitre 9
Le dévot et son curé 139
   La tentation d'une Église irréelle 139
   Les trois piliers de la foi :
      l'Écriture, la Tradition, l'Église 141
   Vérité dans la charité 142

Chapitre 10
Le dévot dans l'exercice des responsabilités 145
   Accepter ou refuser les responsabilités ? 145
   Quand les responsabilités
      semblent trop lourdes 146
   La pratique de l'autorité 148
      Douceur et fermeté 148
      Justice et vérité 150

Chapitre 11
Le dévot et sa santé 153
   Une vie simple et équilibrée 153

    La maladie, occasion privilégiée de vie chrétienne 154
        La maladie, école d'abandon 154
        Quand on n'est pas en forme............... 157
        Quand on n'en peut plus du tout 159

Conclusion
Le salésiansime : une manière de vivre 163
    Équilibre de la sainteté............... 163
    Aimer sa vocation 164
    Le lièvre et la tortue 167
        Patience envers soi-même............... 167
        Bienveillance envers soi-même 168

Annexe
Textes salésiens complémentaires 171

1. Etienne Binet (1569-1639) 171
    La maladie, occasion de croissance spirituelle 172
    Profiter de nos fautes pour progresser 172
    Ne pas avoir honte d'être faible 173

2. Sainte Jeanne de Chantal (1572-1641) 174
    Laisser Dieu choisir pour nous 175
    Ne rien demander, ne rien refuser 175
    La sainteté n'est pas un rêve............... 176
    La vraie mesure des choses............... 177
    Rien ne compte, que Dieu seul............... 178
    La prière continuelle 179
    Quand la prière nous ennuie 180
    Quand la prière nous désole 181
    Quand la prière semble impossible 182
    L'indifférence à soi-même dans la prière 183

3. Michel Boutault (1604-1689) 184
    Ne pas avoir peur de Dieu 185

4. Alexandre Piny (1640-1709) 189
    Tout est Providence 190
    Ne rien demander,
    ne rien refuser dans la maladie 190

5. François de la Mothe-Fénelon (1651-1715) 191
    Une saine familiarité avec Dieu dans la prière 192
    Bienveillance envers soi-même 192
    Encore et toujours l'abandon 193
    Une prière abandonnée 194
    La vraie mort à soi-même est l'abandon 195
    Ce qu'est l'amitié entre chrétiens 196

6. François-Claude Milley (1668-1720) 198
    L'indifférence à sa propre perfection 198

7. Jean-Pierre de Caussade (1675-1751) 200
    Ne pas se méfier de l'abandon 200
    L'abandon ne réclame aucun retour 201
    Quand on ne se sent aucun courage 202

8. Magdeleine de Siry (1680-1738) 204
    Pas d'assurance contre l'abandon ! 204

9. Charles Gay (1818-1892) 205
    Devenir comme les petits enfants 206
    Le chrétien n'est pas un surhomme 210

10. Vital Lehodey (1857-1948) 211
    L'insondable bonté de Dieu 211
    Une lecture providentielle des événements 214
    La Providence dans les ennuis 215

Du même auteur :

Lectures de Jean de la Croix
Essai d'anthropologie mystique
(Beauchesne)

Marguerite Porète : *Le Miroir des âmes simples*
(Albin Michel)

José de Jesús María Quiroga : *Apologie mystique*
(FAC-éditions)

L'Homme en toute vérité
Introduction au mystère chrétien
(FAC-éditions)

Saint Jean de la Croix
Pour lire le Docteur mystique
(Centre Saint-Jean-de-la-Croix)

Jean de Saint-Samson : *La pratique essentielle de l'Amour*
(Le Cerf)

Chrétien : Pourquoi ? Comment ?
Un guide complet de la vie chrétienne
(Paroisse et Famille)

L'Évangile du mariage
Guide spirituel du foyer chrétien
(Paroisse et Famille)

Comprendre, célébrer, vivre l'Eucharistie
(Centre Saint-Jean-de-la-Croix)

Prier à l'école des saints
(Centre Saint-Jean-de-la-Croix)

Achevé d'imprimer par Corlet, Imprimeur, S.A. - 14110 Condé-sur-Noireau
N° d'Imprimeur : 151484 - Dépôt légal : novembre 2012 - *Imprimé en France*